땅을 사기 전에 알았더라면
좋았을 것들

이일구 지음

땅을 사기 전에 알 았 더 라 면 좋았을 것들

이일구 지음

오랫동안 되는 일이 없었습니다. 불평을 달고 살았습니다. 그럴수록 일은 더 안 풀렸고 꼬여만 갔습니다. 2000년도 초에 최악이었습니다. 금융기관에서 IT일을 하면서 계속 지쳐 갔고 크게 아팠습니다. 치료는 되지 않아 일을 그만두고 시골로 내려갔습니다. 스트레스가 줄어들고 편한 환경이 되니 차츰 치료가 되었습니다.

다시 돌아와 중고차 딜러 일을 시작하였습니다. 우연히 읽게 된 잭 킨필드의 책 〈성공의 원리〉에 있던 '당신의 인생을 100% 책임져라'는 문장이 저의 삶을 바꿨습니다. 이후 제 삶을 책임지기 위해 상상하고 꿈을 만들고 실천했습니다. 2006년에 30년 계획을 세웠습니다. 자기계발서를 읽고 실천을 하고 성공학 관련 세미나와 강연을 들었습니다. 책을 읽다가 절실히 책을 써야겠다는 생각이 들어 두 권의 책을 쓰고 출간하게 되었습니다.

이후 공인중개사 자격증을 따서 투잡을 시작하였습니다. 전국으로 부동산 경매를 받기 위해 뛰어다녔습니다. 하지만 한 건도 받지 못했습니다. 강의를 듣고 세미나를 듣고 책을 읽었지만 변화는 없었습니다. 2건의 투자 실패로 빚을 빚으로 돌려 막는 생활이 이어졌습니다. 시장은 점점 어려워져 중고차 딜러로 돈을 많이 벌 수 있는 시기도 지나고 있었습니다. 그런 상처를 안고 중고차매매 시장을 떠나기로 결심했습니다.

이후 동생이 하는 사업에 합류해서 4년간 일했습니다. 하지만 사정상 그만두었습니다. 늘 가족들에게 성공해서 보답을 하겠다고 했지만 공허한 메아리가 되었습니다. 수시로 "돈 없다"는 말을 할 때는 제 자신이 너무 초라해서 견딜 수가 없었습니다. 언제쯤 이 말을 하지 않을까? 앞이 보이지 않았습니다.

10년이 넘는 시간 동안 공부를 많이 했습니다. 드디어 부동산 컨설팅과 중개일을 시작했습니다. 수시로 땅에 대한 브리핑을 했고, 땅으로 돈을 번 분들을 현장에서 많이 만나 보았습니다. 그들은 적절한 타이밍에 들어가서 포기하지 않고 꾸준히 투자하고 있었습니다.

많은 사람들이 묻습니다.

'어떻게 해야 땅으로 돈을 벌 수 있을까요?'

저도 그 질문에 대한 답을 찾기 위해서 공부하고 책을 읽고 현장에서 경험을 쌓았습니다. 그 답은 책 속에 있지만, 질문의 답은 스스로 찾을 수 있습니다.

'어디에 땅을 사야 하나요?'

솔직히 어디가 좋다고 딱 꼬집어 말할 수는 없습니다. 국가산업단지 근처, 택지개발구역 근처, 고속도로 IC 근처, 역세권, 항구 근처 아니면 자신이 제일 잘 아는 지역이 될 수 있습니다.

저는 저만의 원칙을 가지고 있습니다.

1. 돈이 없을 때는 환금성이 좋은 지역에 투자합니다. 대부분 역세권이나 용도가 바뀌는 지역입니다. 즉 개발 가능성이 있는 곳입니다.

2. 개발 가능성은 적지만 가격이 저렴하면서 천천히 진행되는 땅에 투자합니다.

3. 매입한 땅에 개발행위 허가를 받고 건축을 해서 임대료를 받을 수 있는 곳에 투자합니다.

책에서 제시하는 그대로 따라 하기보다는 그 아이디어를 벤치마킹 해서 자신만의 아이디어를 만들어야 합니다. 그런 투자자라면 분명 돈을 버는 일은 어렵지 않습니다. 남을 그대로 따라 하는 것도 좋지만 자신만의 방법을 찾아보세요.

책을 쓰면서 투자자분들에게 어떤 도움을 주어야 하는지 고민했습니다. 기회를 주신 무한 출판사의 손호근 대표님과 박수진 편집자님, 인내를 가지고 지지해준 사랑하는 가족들, 전국의 현장에서 아이디어를 준 분들, 평택의 부동산의 지인분들, 늘 걱정하는 어머니와 형제들에게 고마움을 전합니다.

2017년 9월
이일구

목차

목차

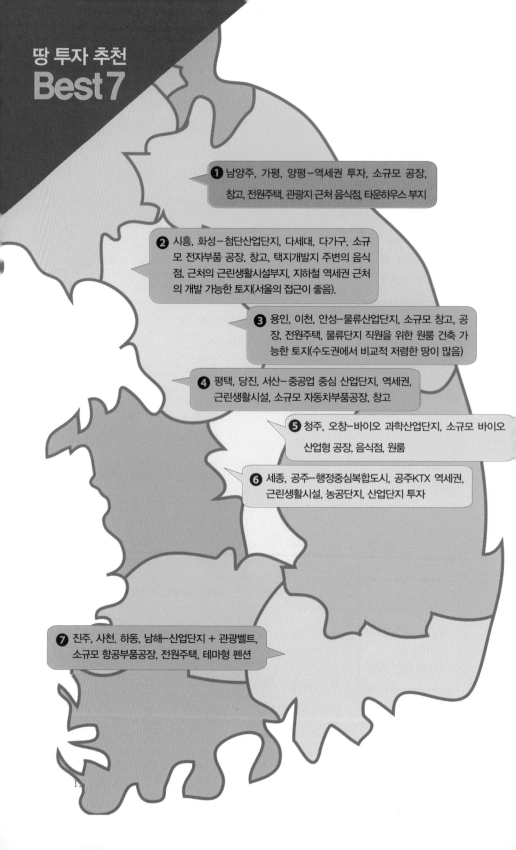

땅 투자 추천
Best 7

❶ 남양주, 가평, 양평−역세권 투자, 소규모 공장, 창고, 전원주택, 관광지 근처 음식점, 타운하우스 부지

❷ 시흥, 화성−첨단산업단지, 다세대, 다가구, 소규모 전자부품 공장, 창고, 택지개발지 주변의 음식점, 근처의 근린생활시설부지, 지하철 역세권 근처의 개발 가능한 토지(서울의 접근이 좋음).

❸ 용인, 이천, 안성−물류산업단지, 소규모 창고, 공장, 전원주택, 물류단지 직원을 위한 원룸 건축 가능한 토지(수도권에서 비교적 저렴한 땅이 많음)

❹ 평택, 당진, 서산−중공업 중심 산업단지, 역세권, 근린생활시설, 소규모 자동차부품공장, 창고

❺ 청주, 오창−바이오 과학산업단지, 소규모 바이오 산업형 공장, 음식점, 원룸

❻ 세종, 공주−행정중심복합도시, 공주KTX 역세권, 근린생활시설, 농공단지, 산업단지 투자

❼ 진주, 사천, 하동, 남해−산업단지 + 관광벨트, 소규모 항공부품공장, 전원주택, 테마형 펜션

1장 [투자 마인드]

땅 투자의
생각을 바꿔라

3억으로 1년 만에 2배를 벌다

원형지의 땅은 컨설팅 매매의 기회가 있다

많은 투자자들은 오해합니다. 땅에 단순히 투자만 하면 돈을 번다고 생각합니다. 부자가 된 사람들은 땅에 '작업'을 합니다. 평택의 현장에는 많은 투자자들이 왔다 갑니다. 모두들 부자의 꿈을 안고 투자합니다. 대박을 노리고 현장에 와서 투자 사기를 당한 뒤 미련을 버리지 못하고 한 방을 노리는 사람도 있습니다. 이들은 도박판에서 돈을 잃고 원금 회복을 원하는 부류들과 같습니다.

현장에 나오는 큰 평수의 땅은 작은 땅에 비해 평당 가격이 저렴합니다. 그런 물건들은 매수 대상들이 한정되어 있어서 쉽게 매수하지 못하고 몇 개월을 보냅니다. 돈이 급하고 조급한 사람들은 기다리지 못해 싸게 내놓습니다. 고수들은 먹잇감을 기가 막히게 찾습니다.

원형지의 땅을 분할한 땅

땅을 분할하여 매매하면 이런 이점이 있습니다.

1 적은 돈으로 투자할 수 있습니다.

2 소액의 투자자들을 유치할 수 있게 됩니다.

3 평당 가격이 높아집니다.

평당 100만원이라면 분할 시 200만원을 받을 수 있습니다.

하지만 가장 중요한 것은 다른 면을 볼 수 있는 눈입니다. 여기서 또 다른 면이란 마케팅 능력입니다. 마케팅 능력이 없다면 이 모두가 물거품입니다. 사실 제일 중요한 능력입니다.

부동산을 시작하고 이 점에 주목했습니다. 마케팅 능력만 있다면 무엇이든 할 수 있습니다. 대부분은 땅이 개발되어야 그 가치가 오른다고 생각하는데, 그렇게 생각하면 돈을 벌 수 없습니다. 개발은 부수적인 일입니다. 모든 부동산은 가능성에 투자합니다. 가능성이 보이지 않는다면 투자할 수 없습니다.

보통 현장에서 원형지의 땅을 만나면 암울합니다. 투자를 하고 싶지 않습니다. 여기서 벽에 부딪칩니다. 소를 물가까지 데려다 놓긴 했으나 물을 먹일 수는 없습니다. 필자 역시 처음에는 망설였습니다. 사실 땅에 대한 투자는 구체적인 것이 없습니다. 상상력을 발휘해야만 합니다.

고수의 땅 작업 방법

이렇게 부동산의 고수는 투자자와 쩐주(돈을 빌려주는 사람)를 모집했습니다. 모집 금액은 3억이었습니다. 평수는 400평이고 매입금액은 평당 80만원이었습니다. 이 땅은 평택시 포승읍 신영리의 땅으로 투자가치는 충분히 있었습니다. 땅을 계약하면서 계약금만 지불했습니다. 잔금은 4개월 이후로 미루었습니다. 단 고수측에서는 만약의 상황을 대비해서 잔금을 준비해 두었습니다. 신영리는 평택항에서 가깝고, 주변에 포승산업단지와 현덕지구 관광단지가 들어오는 중간에 위치해 있어 투자가치가 있습니다.

평택시 포승읍 신영리에 있는 고수가 작업한 땅

이 지역은 마케팅 가능성이 있습니다. 이 근처의 땅을 기획부동산에서는 280~300만원에 판매를 하고 있습니다. 그 점 때문에 마케팅팀에서는 적정한 가격을 책정해서 마케팅을 시도했습니다. 가격은 160만원으로 책정이 되었습니다. 현지 부동산보다는 비싸지만 기획부동산의 가격보다는 100만원 이상 저렴했습니다. 이 점을 부각시켜서 영업했습니다.

강남 선릉의 마케팅팀에서는 기획부동산의 임원들을 집중적으로 공략을 했습니다. 수시로 답사를 진행하면서 이 땅을 노출시키려고 애를 썼습니다. 많은 투자가들이 이 땅을 보고 갔습니다. 그래서 결과적으로 소문이 났고 하나씩 분할하여 판매가 되었습니다.

평택의 땅 가치에 주목합니다

앞으로 이야기하겠지만 평택의 땅은 개발의 가치가 충분합니다. 다른 지역과는 달리 이 지역은 10가지 이상의 굵직한 개발계획이 잡혀 있습니다. 이런 정도의 개발계획을 가진 땅은 대한민국에는 거의 없습니다. 물론 인구와 가치의 측면에서 볼 때 강남 땅이 훨씬 가치가 높지만, 가격 때문에 비교조차 할 수 없습니다. 강남의 땅도 1970~1980년대에는 지금보다 훨씬 저렴했습니다. 그런데 개발계획을 세우고 삽을 뜨는 순간 땅의 가치는 천정부지로 올라가기 시작했습니다. 수서SRT가 들어오고 삼성전자, 서해선복선전철, 제2서해안 고속도로, 국가산업단지, 평택항 개발 등이 진행되는 땅이 어떻게 바뀔지 생각해보면 평택의 그림이 나옵니다.

자! 앞의 땅을 팔아서 남은 돈을 계산해 본다면 80만원 정도의 수익을 가져갈 수 있었습니다. 대략 이런 작업을 4개월에 1회전, 1년에 3회전을 합니다. 세금 떼고 50%의 수익이라면 1년에 150%의 수익을 올릴 수 있습니다. 사실 이런 땅들이 아주 많다는 게 평택의 땅을 파는 사람들의 의견입니다. 땅에는 정가가 없습니다. 이 말에 여러분은 동의하는지 궁금합니다.

땅은 부증성과 위치의 고정성을 가지고 있습니다. 그래서 좋은 위치의 땅은 계속 수요가 증가할 수밖에 없습니다. 가격이 올랐다고 다른 대안이 없습니다. 그래서 시간이 가면 땅 가격은 다소 비싸게 샀더라도 오를 수 있습니다. 물론 싸게 사야 합니다. 그건 누구나 알 수 있는 상식입니다. 그러나 현장에서는 어렵습니다.

우리가 카메라를 사러 강변 테크노마트에 가면 원하는 모델을 거의 살 수 없습니다. 가게에서 팔고 싶은 기종 위주로 판매하기 때문입니다. 정보를 가진 쪽은 사는 쪽이 아닌 파는 쪽입니다. 그래서 결국은 비싼 가격에 다른 모델을 사 가지고 오는 일이 많습니다. 즉 가게 사장의 입장에서 많이 남는 모델을 고객에게 파는 것입니다.

땅도 마찬가지입니다. 현장의 부동산에 가면 내가 찾는 땅을 사는 게 결코 아닙니다. 파는 측에서 많이 남는 땅을 먼저 추천할 가능성이 월등하게 높습니다. 순진하게 내가 원하는 땅을 싸게 산다는 생각은 천만의 말씀이라고 이야기하고 싶습니다.

부동산에서 땅을 산 많은 사람들의 땅을 분석해 보니, 거의 대부분이 개발 가능성이 없거나 향후에 어떤 변화도 기대하기 어려운 땅이었습니다. 그런 땅을 기대에 부푼 마음으로 삽니다. 그리고 땅을 가지고 있다는 사실조차 잊어버립니다. 적게는 몇 천에서 몇 억을 들여서 산 땅을 그냥 버려두는 일입니다. 관심과 사랑만이 땅을 가치 있는 명품으로 만들어줍니다. 주인이 명품 생각을 가져야만 땅은 보답을 합니다.

고향의 버려진 땅이라도 꾸준히 관리를 하면 좋은 가격을 받습니다. 그런데 대부분은 한두 번 해보고 포기를 해버립니다. 그걸로 끝입니다. 돈을 벌지 못하는 이유는 분명합니다. 돈을 버는 이유도 분명합니다. 물론 노력만으로 부자가 되지는 않습니다. 기회를 잘 만나야 하고 기회를 잘 살려야 합니다. 못지 않게 행동을 해야 합니다.

지금부터 여러분이 부자가 되는 길을 알려드리겠습니다. 여러분이 서로 믿을 수 있는 친구나 지인을 모아 3억만 만들어보세요. 그리고 믿을 수 있고 마음이 통하는 평택의 부동산중개사를 찾으세요. 조언을 듣고 괜찮은 땅에 투자를 하면 됩니다. 물론 공유 지분이라도 매도 조건이나 의견 불일치에 따른 내용을 공증 받아두면 됩니다.

3억으로 1년만에 2배를 벌겠다는 것이 일반적인 생각은 아닙니다. 땅에 투자해서 3~4년간 보유하고 있으면 개발지는 개발계획이 발표됩니다. 사람들의 관심이 생기고 땅을 사겠다는 의뢰가 들어옵니다. 그런 관심이 많아지는 지역은 당연히 땅값이 오릅니다. 일반적인 생각은 이런 것입니다.

하지만 제가 보는 관점은 다릅니다. 개발지의 땅을 사는 점은 똑같습니다. 다른 점은 그 땅을 분할해서 알맞게 만드는 것입니다. 그리고 투자자를 유치해서 마케팅을 합니다. 되지 않은 땅을 소개하지 않고, 가능성이 높은 땅을 소개하기 때문에 높은 가격이라도 살 사람이 있습니다. 안 되면 기획부동산에 약간의 마진을 붙여서 팔면 됩니다.

이런 식의 투자방식은 개발의 발표에 따라 움직이지 않습니다. 투자자들의 설계에 따라 움직입니다. 얼마를 받을 것인지 언제까지 팔 것인지, 이 모든 과정을 설계해서 투자자를 모으고 소비자를 모으고 투자금을 회수하고 수익을 남깁니다. 우리는 엄연히 사업을 합니다. 땅을 판다는 좁은 개념이 아니라 넓은 개념으로 투자를 유치한다고 보면 됩니다.

물론 문제가 없지는 않습니다. 이 과정에서 사기가 많습니다. 투자금을 몇 배로 돌려주겠다고 사람들을 속이고 투자금을 챙기고 사라지면 속수무책이 됩니다. 또 개인투자가들이 이런 사실을 모르고 현장에서 싸게 땅을 사려고 한다면 위험한 생각입니다. 정보도 없고 마케팅 능력도 땅을 볼 실력도 안 됩니다. 결국은 사기를 당하고 사람들을 믿지 못하게 됩니다. 이런 사람들이 한두 명만 생겨도 모조리 싸잡아서 사기라고 말합니다.

여러분이 돈이 있다면 한 번에 전부를 올인하지 마세요. 실전에서 한

번은 중요합니다. 이 한 번이 돈 버는 방법을 알려줍니다. 처음에 실패를 하더라도 공부하면서 나머지 돈으로 돈을 벌 수 있습니다. 또 투자를 해야지 하면서 바로 뛰어들지 마세요. 1년은 공부를 하고 현장을 다니면서 공부를 더 해보세요. 알면 보입니다. 그때 돈을 벌게 됩니다.

💰 부자가 되는 방법 ❶

어느 경매투자서에 이렇게 적혀 있습니다.
"300만원으로 대출 끼고 반지하 빌라를 낙찰받아 임대를 주니 3년이 흘러 2배가 되었습니다."
독자들은 그 책을 읽고 생각합니다.
'아! 300만원만 있으면 수천 만원 하는 부동산을 사서 부자가 되겠구나.'
그런데 현실은 아닙니다. 결과만 놓고 보면 그런데 현실은 어렵습니다. 대신 땅에 대한 책을 20권을 읽어보고 거기에서 돈을 버는 방법 20가지를 적어보세요. 그중 가능성이 있는 아이디어를 실천하시면 됩니다.

옆집 아주머니가
땅을 사는 동안 당신은?

30년 장기계획표를 작성하다

2006년에 작성한 '30년 장기계획표'에 따라 목표를 이루기 위해 노력하면서 살고 있습니다. 당시 성공학코칭 과정에 등록해서 강의를 듣고 스피치 훈련을 하면서 여러 가지 방법들을 배우고 실천해 왔습니다. 그럼 왜 부동산을 이야기하면서 개인적인 계획을 공개할까요? 이 장은 '투자 마인드'편입니다. 투자자 스스로 계획과 설계를 올바르게 세우고 실천한다면 분명 부자가 될 수 있습니다.

여러분이 아직 부자가 아니고, 필자도 부자가 아니라면 이유는 분명합니다. 원대한 꿈을 세우고 끝까지 이루기 위해 제대로 실천하지 않았기 때문입니다. 필자는 늘 꿈을 꿉니다.

장기목표(30년)										
이름: 이일구 작성일:2008년12월01일										
* 항상 체크 하면서 수정 보완을 하며, 반드시 실천 하도록 하라.										
목표 년도	2016년	2017년	2018년	2019년	2020년	2021년	2022년	2023년	2024년	2025년
이일구 나이	50세	51세	52세	53세	54세	55세	56세	57세	58세	59세
정진오 나이	44세	45세	46세	47세	48세	49세	50세	51세	52세	53세
이다영 나이	16세	17세	18세	19세	20세	21세	22세	23세	24세	25세
이홍준 나이	13세	14세	15세	16세	17세	18세	19세	20세	21세	22세
활동 목표										
1. 자산관리 계획	20억	24억	28억	32억	37억	42억	47억	53억	59억	65억
2. 수익 계획	4억	4억	4억	5억	5억	5억	6억	6억	6억	6억
3. 주택및 부동산 계획			70평			90평			120평	
4. 독서 계획(총30년:3만권)	500권	500권	500권	500권	7500권	500권	500권	500권	500권	1만권
5. 운동 계획	조기축구	조기축구	조기축구	조기축구	조기축구	조기축구	조기축구	조기축구	조기축구	조기축구
6. 일,업무 계획	차,성공학	차,성공학	차,성공학	차,성공학	차,성공학	차,성공학	차,성공학	차,성공학	차,성공학	차,성공학
7. 아이디어										
8. 책쓰기 계획(총30년:25권)					10권					15권
9. 여행 계획(총30년:100개국)					세계50개국					세계70개국
10. 가족성장 계획		고등,중			대학,고등			홍준대학		다영졸업
11. 사회봉사 계획					장학사업					
12. 클럽회원계획										
13. 월수입계획					3000만원					4000만원
14. 베스트셀러작가책판매수익					20억원					25억원
15. 타고싶은 자동차										
달성율(xxx%)										
* 비고 : 성공학센타(5억),도서관건립(10억),청소년장학사업(20억).										

필자의 30년 장기계획표

'어떻게 다른 사람을 부자로 만들어 줄 수 있을까?'

다른 사람을 부자로 만들어 줄 능력이 있는 사람은 부자가 됩니다.

'당신의 꿈은 무엇입니까?'

그 꿈을 생각하면서 행복하다면 분명 이루어집니다. 그 꿈은 힘이 있습니다.

필자는 90년대 초반 직장생활을 시작했을 때부터 자기계발에 관심을 가지고 책을 읽고 공부를 했습니다. 농사 짓는 부모님 덕분에 어려서부터 땅의 중요성을 인식하게 되었습니다. 부모님은 자식들을 교육시키면서 몇 필지의 논을 샀다가 팔았습니다. 투자보다는 이용가치를 목적으로 했습니다.

물론 30년 장기계획만 세운 것은 아닙니다. 월간계획을 세워 매월 무엇을 해야 하고, 어느 정도 진행되었는지 체크 및 보완을 계속하고 있습니다. 2001~2003년에 부동산, 주식 관련 책을 150권 정도를 읽었습니다. 물론 그 이후에도 계속 공부하고 준비해왔습니다. 지금까지 만 권이 넘는 책을 읽어 왔습니다. 그래서 책을 쓰고, 코칭과 강의를 할 수 있었습니다.

땅에 대한 공부를 하다

옆집 아주머니는 요즘 땅을 사러 다닌다고 합니다. 자극을 받은 A씨는 도서관에서 부동산에 대한 책을 빌려와 공부하기 시작했습니다. 하지만 아무리 읽어도 부동산 책들을 이해하기는 어려웠습니다. 부동산에 대한 책을 모조리 읽어보고 지식을 쌓았지만, 경매로 한 건도 낙찰받지 못했습니다. 그 벽을 넘기 위해 수없이 노력하고 현장에 달려가 보아도 딱히 감이 잡히질 않았습니다. 그렇다고 부동산을 내려놓지도 못했습니다. 열정이 식어가고 의지가 꺾일 때는 자기계발서를 읽었습니다.

꿈과 자기계발을 위해 많은 사람들이 버킷리스트를 작성합니다. 여러분도 적어두고 시간이 지난 후에 꺼내보세요. 많은 일들이 벌어질 것입니다. 하지만 많은 사람들이 론다 번의 〈시크릿〉을 읽었지만 삶에 아무런 변화도 일어나지 않았다고 푸념을 합니다.

'왜 상상하는 대로 되지 않을까?'

뭔가 빠졌다는 생각이 들지 않습니까? 필자는 오랜 시간 생각을 해온 결과 그 이유를 알았습니다. 꿈, 소원, 버킷리스트, 상상이 분명하고 선명하더라도 여기에 따른 액션플랜이 없다면 그 꿈은 실행되지 않는 다는 점입니다.

예를 들어 '2020년 12월 31일까지 전원주택 150평에 산다'라고 종이 에 쓰고 주머니에 넣고 다니세요. 자금을 만드세요. 부동산에 좋은 땅이 나오면 소개해달라고 이야기하세요. 자주 땅을 보러 다니세요. 좋은 땅이 나오면 결단을 내리면 됩니다. 안 된다고요? 그럼 될 때까지 계속 하세요. 포기하지 않으면 반드시 됩니다(여기서 액션플랜은 '목표를 종이에 쓰고, 자금을 만들고, 땅을 소개받고, 현장에 가보고, 결단을 내린다'입니다).

성공을 위한 액션플랜들

성공하기 위해 결국 필요한 것은 '끈기와 실천력'입니다. 꿈은 상상 하고 종이 위에 쓰기만 한다고 해서 결코 이루어지지 않습니다. 현실에 서 해야 할 일을 꾸준히 해야 합니다. 그렇다면 땅으로 돈을 벌기 위한 액션플랜은 무엇일까요?

공인중개사 공부를 하거나 부동산 관련 책을 열심히 읽습니다. 전문 가를 찾아갑니다. 강의를 듣습니다. 투자 자금을 만듭니다. 어디가 좋 은지 공부하거나 현장 부동산에 연락을 합니다. 찾아가서 만나봅니다. 좋은 땅을 소개받습니다. 답사를 합니다. 좋은 땅인지 나쁜 땅인지 분 석을 해봅니다. 땅에 투자를 합니다. 시간이 지나고 땅값이 오릅니다.

매도를 합니다. 수익을 얻습니다. 부자가 됩니다. 실행을 해야 결과가 생깁니다. 성공은 이런 프로세스의 결실에 불과합니다.

옆집 아주머니도 똑같은 방법으로 땅을 사서 부자가 됩니다. 이미 아파트는 많은 규제로 인해서 돈을 벌기 힘들어졌습니다. 수익형 상가들은 수익을 부풀려서 판매를 하기 때문에 초보자들이 판단하기 어렵습니다.

그래서 땅은 수익이 가장 높은 투자입니다. 땅을 살 때는 건축 행위를 한다고 생각하면서 투자를 해야 묶이지 않습니다. 개발계획만 보고 투자를 하면 개발이 계획대로 되지 않았을 때 장기간 묶일 가능성이 있습니다. 그래서 건축 행위를 동시에 생각해야 합니다.

고수들은 땅값이 많이 올랐다고 해도 더 오를 가능성이 있으면 투자를 합니다. 초보자들은 너무 많이 올랐다고 실망하며 떠나갑니다. 그러고 다음에 오면 항상 반복하는 말이 있습니다.

'그때 살 걸!'

준비가 되어 있다면 지금 사세요! 그래야 돈을 벌 수 있습니다.

💰 부자가 되는 방법 ❷

부자가 되고 싶으면 계획을 세우세요. 자신이 하고 싶은 일이든 취미든 종이에 적어 보면 압니다. 그 일을 하세요. 지금 당장 못하면 조금씩 준비를 하면 됩니다. 책을 쓰고 싶다면 책을 쓰는 방법을 알려주는 곳을 찾아 배우면 됩니다.

03 투자는 설계대로 이루어진다

2004년 공인중개사 자격증을 따다

2002년 월드컵의 함성이 한창일 때 몸과 마음이 아파서 시골에서 요양을 하고 있었습니다. 그때 딸이 막 돌이었는데 아이 초등학교 입학할 때까지만 살아있기를 바랐습니다. 10년간 IT 분야에서 밤새우며 일한 대가는 혹독했습니다. 필자는 심한 우울증에 빠져서 아무런 의욕도 없고 늘 불안했습니다. 병원도 불신이 심해서 가지 않겠다고 했고, 심지어는 약도 먹지 않았습니다. 결국 어머니가 데리고 시골로 내려가서 갖은 방법을 동원해 좋아지게 되었습니다. 2003년에 서울로 다시 올라와서 먹고살 일을 찾았지만 쉽지 않았습니다.

2003년 여름부터 5개월 정도 아무 생각 없이 노원역 근처의 공인중개사 학원을 다녔는데 중개사 시험에 한 번에 합격했습니다. 오래전부터 부동산 일을 하는 것을 꿈꿨고, 돈을 많이 벌기를 소원했습니다. 자동차 딜러를 하면서 책을 출간하고 강의를 했지만, 시장은 변했고 고객은 떠나갔습니다. 그 후 동생과 같이 일을 하다가 의견 충돌로 사무실을 나왔습니다. 마음은 편했지만 아무런 대책이 없었습니다. 그 가운데 마음속 깊은 울림이 울렸습니다.

'부동산을 해라. 돈을 벌어라.'

그 목소리를 듣고 강남에서 땅을 파는 지인을 찾아갔습니다. 이 선택이 운명이 될 줄은 몰랐습니다. 고객을 발굴하고 관리하는 일을 15년 정도 하고 나니, 더 이상 고객에 대한 두려움이 없어졌습니다. 원하는 일을 하면서 영업을 하고 책을 쓰고 강의를 하며 땅에 대한 컨설팅을 했습니다. 불운했던 운명의 굴레를 벗어나기 시작했습니다.

이는 저절로 되지 않습니다. 어떤 계기가 있어야 합니다. 때로는 운명적입니다. 땅에 투자하고 싶은 고객들이 저를 방문하고 브리핑을 듣습니다. 이 또한 운명입니다. 그래서 투자는 설계대로 이루어진다고 말합니다.

땅 컨설팅으로 터닝포인트 기회를 잡다

기획부동산에서는 월급 110만원과 '일비'라고 해서 식비 만원 정도를 줍니다. 처음에 필자는 기획부동산에 있으면서 월급과 일비 받는 것을 감사하게 생각했습니다. 아침부터 오후까지 하는 일이라고는 교육을 듣고, 밥을 먹고, 체조를 하고, 전화를 하는 일이었습니다.

그곳에서는 직원들의 월급을 주기 위해 땅을 비싸게 팔지 않을 수 없습니다. 어쨌든 기획부동산의 입장에서 보면 이해가 되기도 했습니다. 이렇게 이야기하다가 뭇매를 맞을지도 모르겠습니다. 그런데 그 속에 직원들을 이용하려는 의도가 숨겨져 있었습니다.

월급을 받으면 미안해서 시키는 대로 합니다. 월급 130만원 때문에 목숨을 거는 사람들이 의외로 많았습니다. 다행히도 필자는 동생에게 빌려준 돈을 조금 일정하게 받고 있어서 기획부동산에 휘둘리지 않고 나올 수 있었습니다.

그 다음부터는 기획부동산이 아닌 1층 부동산(일반 공인중개부동산. **다른 기획부동산과 구별하기 위해 현장에서는 이렇게 부름**)에서 차린 사무실에서 마케팅을 하면서 수당을 받으며 일하게 되었습니다. 동료의 경험담은 부동산 거래에 있어서 제게 많은 아이디어와 영감을 주었습니다. 이를 계기로 실력이 차츰 늘었고, 고객을 대하는 방법도 알게 되었습니다. 강남의 부동산 그중에서 평택의 땅을 판매하는 부동산에서 일하게 된 계기가 인생의 터닝포인트가 되었습니다.

그런데 모든 부동산이 기획부동산처럼 3~4배 혹은 더 많은 폭리를 취하는 것은 아닙니다. 어떤 부동산은 50% 정도의 수익을 붙여 되팔기도 합니다. 이 구조는 단순해서 땅을 파는 직원의 수당과 사장의 수익만 계산하면 됩니다. 이런 작업들을 '컨설팅매매'라고 합니다.

이런 작업을 했기 때문에 짧은 시간에 많은 돈을 벌 수 있었고 기회를 만들 수 있었습니다. 부동산 투자 공부 겸 직접 땅을 사고파는 영업에 관심이 있다면 컨설팅매매를 하는 업체를 찾으면 됩니다. 강남 선릉에는 기획부동산도 많지만, 기획에 비해서 저렴하게 땅을 파는 이런 부동산도 있습니다.

부동산은 정말 기회가 많습니다. 월급쟁이 생활을 할 때와는 비교가 되지 않습니다. 돈은 부동산 시장에서 돌고 있습니다. 아무리 경기가 어렵다고 아우성을 쳐도 부동산 시장에는 불황이 없습니다. 물론 IMF 시절과 금융위기에는 부동산도 찬바람이 쌩쌩 불었습니다.

얼마 전 남양주 진접에 있는 부동산의 사장님을 만났습니다. 본인도 여기에 부동산을 낼 때는 무척 어려웠다고 합니다. 부동산을 시작하고 아파트와 땅 등을 사서 돈을 많이 벌었다고 합니다. 겉으로 볼품없고 별 볼 일 없는 것 같은 부동산 사장도 건물 한 채쯤은 가지고 있다고 합니다. 그들을 우습게 봐서는 안 된다고 조언을 했습니다. 한곳에서 부동산을 오래 하다 보면 신뢰가 생기고 결국은 단골 장사라서 돈을 벌게 되어 있다고 했습니다. 돌아오며 망치로 한 대 맞은 그런 기분이었습니다. 과연 저는 제대로 길을 가고 있는지 궁금했습니다.

땅을 사서 부자가 되는 길도 다르지 않다

당신을 믿고 따르는 사람이 10~20명이 되면 당신을 아는 사람은 2500명은 됩니다. 그 2500명은 또 2500명을 알고 있습니다. 기하급수적으로 사람이 늘어납니다. 저는 2100명 정도의 페이스북 친구가 있습니다. 이 2100명의 친구에 친구는 또 얼마나 될까요?

땅을 사서 가치를 올리고 되팔려면 어떻게 광고를 하고 홍보를 해야 할까요? 자신의 카카오톡, 카카오스토리, 페이스북, 트위터, 인스타그램, 블로그, 카페를 활용하면 됩니다. 땅이 땅을 사지는 못합니다. 땅의 모든 것은 사람이 하는 일입니다. 물론 부동산에 대한 전반적인 지식을 쌓는 일은 중요합니다. 하지만 더 중요한 것이 사람에 대한 공부입니다. 땅에 대한 지식은 어느 정도만 있으면 되지만 사람에 대한 공부는 끝이 없습니다.

자, 땅으로 돌아가서 땅을 사기 위해서 꿈을 꾸어 보세요. 저는 요즘 매일 평택의 신영리 땅을 소개하고, 브리핑하고 블로그에 포스팅을 합니다. 계속 소개하고 이야기하고 생각하고 브리핑을 하다 보니 땅을 사고 싶은 유혹에 빠집니다. 고객이 팔겠다고 하는 좋은 땅이 눈에 보이고, 돈을 벌겠다는 생각이 들어서 다른 사람에게 소개를 합니다. 그 지역을 파고들면 그 지역에 대해서는 최고의 전문가입니다. 그 지역에 대해 책을 쓰게 되면 지역의 최고 전문가가 됩니다.

경제적 자유의 핵심키워드는 바로 '내가 일하지 않는 동안에도 돈이 들어오는 시스템을 만드는 것'입니다. 경제적 자유로 가는 시스템은 현금 창출 파이프를 설치하는 것과 같습니다. 한달 내내 뼈 빠지게 일하고 회사에 얽매여 월급을 받는 삶이 아니라, 내가 일하고 있지 않는 상황에도 돈이 저절로 쌓이는 시스템 말입니다.

부동산 책을 쓴 작가들도 끊임없이 공부하고 도전하고 실패해서 그 자리에 있습니다. 지금 그들은 대부분 원하는 삶을 개척해서 살고 있습니다. 독자 여러분에게 맞는 길을 콕 집어서 찾아드릴 순 없지만 분명한 한 가지는 있습니다. 땅에 투자하세요.

> '하고 싶은 일을 하다 보면 가족을 먹여 살릴 수 없습니다'는 잘못된 깨달음으로 우리를 몰아간 것은 우리를 기존의 체제에 묶어두고 통제하고 싶은 보이지 않는 사람들이었습니다.
>
> – 〈익숙한 것과의 결별〉 중에서

자신을 어떤 틀 속에 묶어두지 마세요. 스스로 일어나야 합니다.

💰 **부자가 되는 방법 ❸**

지목, 용도지역, 도시관리계획, 토목허가, 건축행위, 입지분석, 지목변경, 종상향, 토지보상금 등 부동산에 특히 땅에 관심을 가져보세요. 그 관심이 여러분을 부자로 만들어 드립니다. 누가 관심을 가지고 끈기 있게 하느냐의 차이입니다.

2장
[땅 투자의 기본]

땅에 대해서
이것만은
알고 가자

01

토지 공부의 기본,
현장에 가야 답이 보인다

부자는 행동하고 가난한 사람은 생각만 한다

평택항 전경

투자자는 세 부류가 있습니다.

1 무모하고 도전적인 사람

2 이성적이고 냉정한 사람

3 이성적이고 도전적인 사람

자신의 투자 성향이 어떤지를 살펴보고 장점은 강화하고 단점은 보완해 나가야 합니다. 행동하는 부자들은 땅을 사기 위해서 반드시 현장에 다닙니다. 같은 지역이라도 계절마다 시간마다 환경이 달라집니다. 세심히 살펴보지 않으면 놓치는 부분이 생깁니다. 발품을 팔아야 조금이라도 싸게 좋은 땅을 살 수 있습니다. 누구든 알지만 실천은 어렵습니다.

필자도 아파트를 사면서 현장을 꼼꼼하게 체크하지 못해서 세입자와 다투고 수리를 해주기도 했습니다. 나중에 팔면서도 세입자의 눈치를 보며 팔아야 하는 아픔을 겪었습니다. 누구나 현장에서는 감정에 휘말려서 옳은 판단을 하기 어렵습니다. 늘 현장에서는 냉정하게 대처해야 합니다.

현장을 보고 판단하고 투자가치를 끊임없이 확인하고, 개별 등기가 되는지도 확인해야 하며, 토지와 건물 소유주가 같은지를 확인해야 합니다. 현장에서도 끊임없이 의심해야 합니다. 판단이 되면 행동을 빨리 해야 한다는 뜻입니다. 현장을 자주 확인하다 보면 안목이 트이고 생각이 깊어집니다. 돈을 노리고 달려드는 사기꾼에게는 현장도 포장되어 전달됩니다. 현장이 보내는 신호와 다른 해석을 하게 됩니다. 그래서 늘 투자자는 정확하고 올바른 해석이 필요합니다.

현장을 보면 투자 수익이 보인다

혐오시설 근처나 고압선이 지나가는 아래쪽은 당연히 피해야 합니다. 하지만 고압선이 지나가는 자리라도 돈이 되는 땅이 있습니다. 고압선이 지나가는 **선하지(線下地)**는 한전에서 매월 일정액을 준다는 사실을 아는 사람은 거의 없습니다. 그런 땅에 투자하면 매월 연금처럼 얼마의 돈을 받을 수 있습니다. 하지만 이 또한 한정된 토지이니 사전에 한전 측에 충분히 문의를 하고 투자해야 뒤탈이 없습니다.

축사나 오염시설에 투자해서 보상을 받는 사람도 있습니다. 청정 지역이라 오염시설이 들어오지 못할 지역의 축사가 매매로 나왔다면 투자의 대상이 되기도 합니다. 이런 시설들은 주민들의 반대가 심하기 때문에 민원의 대상이 됩니다. 오히려 민원을 무기로 지자체에 보상 협의를 할 수 있습니다. 이 방법은 가능하지만 지역 주민들과의 마찰은 피할 수 없습니다. 이를 감내할 자신이 있으면 시도해 볼 수 있습니다.

현장에 취하지는 말아야 합니다. 봄이나 가을에 현장을 가보면 계곡 옆의 땅은 꽃도 있고 나무도 있고 물이 있어서 경치가 좋아 보입니다. 하지만 계절적 함정은 늘 존재합니다. 이런 땅은 여름에 홍수가 나서 범람할 가능성이 있습니다. 물론 몇 년에 한 번이지만 전원주택을 짓고 살다 보면 매년 여름마다 불안 속에 살아야 합니다. 이런 사실은 직접 거주해본 주민이 아니면 모릅니다. 산이 높은 곳의 작은 도랑이라도 폭우가 쏟아지면 상상을 초월하는 물이 쏟아져 내려옵니다. 이번 청주의 홍수 때에도 무분별한 전원주택 건축 때문에 피해가 컸다고 합니다.

시골에서 이런 사실은 겪어보지 않는 사람은 모릅니다. 이런 일은 아주 제한적으로 한때 일어나는 일이지만, 투자를 생각하는 투자자에게는 치명적이 될 수 있습니다.

요즘 많은 투자자들은 태양광 사업에 관심이 많습니다. 시골의 저렴한 땅을 사서 태양광 시설을 만들어 매월 안정적인 수입을 올리는 분들이 있습니다. 일단 태양광 사업을 하기 위해서는 토지가 있어야 합니다. 물론 개발행위가 가능한 도로가 있는 땅입니다. 허가 여부는 지자체나 대행하는 업체에 문의하면 됩니다.

주변에 반대가 있다면 동의서가 필요합니다. 태양광은 빛이 반사되기도 하고, 소음도 있을 수 있고, 다른 토지에 일조권을 침해할 수 있습니다. 그래서 동의가 필요합니다. 이런 조건을 만족하면 99kw 기준 시설투자비 2억 5000만원에 월 340만원 정도 수익을 올릴 수 있다고 합니다(여러 가지 변수가 있으니 반드시 확인이 필요합니다). 단 토지대금은 별도입니다. 토지는 대략 300~500평입니다. 해당 토지의 지번을 주면 대행하는 업체에서 수익성 분석까지 해드립니다. 이 조건을 만족하면서 평당가격이 저렴한 땅이 있습니다. 태양광 사업 수익성 분석을 해주는 앱도 있으니 활용해 보시길 바랍니다. 이런 틈새 투자로 노후에 연금처럼 수익을 올리는 방법을 생각해보면 의외로 투자 가치가 있는 땅들이 많습니다.

　땅은 응용하고 아이디어를 만드는 사람의 몫입니다. 경우에 따라서는 대박이 나기도 하고 쪽박을 차기도 합니다. 따라서 대충하려고 하지 말고 깊이 있게 부딪치면서 답을 찾아야 합니다. 돈이 부족하면 돈을 벌면 되고, 아이디어가 부족하면 좋은 아이디어를 구하면 됩니다. 안 된다고 포기하지 말고 끝까지 물고 늘어지세요. 현장이 곧 답입니다.

　필자의 어머니도 시골에서 농사를 짓고 계십니다. 더 이상 무리하게 농사를 짓는 일을 그만하도록 해드리고 싶어서 여러 가지 생각 중에 있습니다. 그중 하나가 태양광 사업을 하는 일이고, 또 다른 하나는 전원주택을 지어서 분양을 하는 일입니다. 어떤 게 좋은지는 계속 검토하고 있습니다.

　다음은 이모의 사례입니다. 이모는 10년 전에 산업단지가 들어온다는 중개사의 말을 믿고 함안군의 땅 1200평에 투자를 했습니다. 부동산의 이야기는 금방이라도 오를 것처럼 급매로 나온 땅이니 바로 잡아야 된다고 했답니다. 하지만 들어온다는 산업단지는 근처에 들어오지 않고 10년 전이나 지금이나 가격이 같다고 합니다. 만약 이모가 현장에 가서 한번이라도 확인을 했더라면 이런 실수는 하지 않았을 텐데, 필자가 부동산 컨설팅과 소개를 하면서 보니 많은 문제점이 보이기 시작했습니다.

부자들은 컨설팅 받기를 좋아한다. 50만원, 100만원 이상이 드는 고급 컨설팅 비용도 기꺼이 지불한다. 그들은 한 번의 결정에 수천 만원, 수억 원이 왔다 갔다 한다는 것을 잘 알고 있다. 그래서 컨설팅 비용을 아까워하지 않는다. 오히려 이름난 고수들을 찾아다니면서 컨설팅을 받으려고 한다.

- 〈한국형 땅 부자들〉 중에서

땅에 대한 초보자들은 어디서 무엇을 어떻게 확인해야 하는지 전혀 감을 잡을 수 없습니다. 그래서 대부분은 브로커나 자칭 전문가라고 하는 사람들에게 속기 쉽습니다. 현장에 답이 있습니다.

부동산중개인 이야기만 믿어서도 안 됩니다. 스스로 공부가 되어 있지 않으면 늘 조그마한 소리에도 민감하게 움직입니다.

💰 부자가 되는 방법 ❹

현장에서 만난 대부분의 고수들은 맹지나 혐오시설이 있는 땅을 저렴한 가격에 삽니다. 단, 맹지는 길을 낼 수 있는지 계속 검증합니다. 앞에 한 필지의 땅만 거치면 되는 맹지는 앞 땅의 소유주를 만나서 협상을 시도해 봅니다. 길만 내면 땅값은 반드시 오릅니다.

02

정부의 장기플랜을 이해하자 – 국토계획, 도시계획, 지구단위계획

국토의 계획 및 이용에 관한 법률

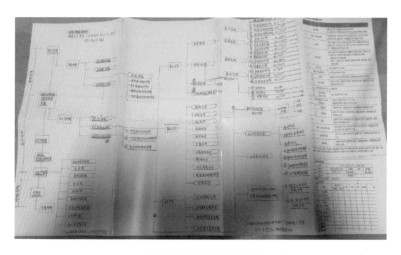

부동산 공법 체계의 구조도

*확대 컷이 책 마지막에 있습니다.

이 표를 보면 부동산에 대한 이론서 몇 권을 읽는 효과가 있습니다. 이 구조는 알기 쉽게 필자가 전체적인 부동산 공법의 체계를 구성해 놓은 것입니다. 이 구조를 이해하고 현장에 나선다면 도움이 되리라 믿습니다.

이 구조도는 토지이용계획확인서와 같이 보면 됩니다. 토지이용계획확인서에 '계획관리지역의 전'이라고 나와 있다면 무엇을 할 수 있는지 알 수 있습니다. 지목이 전이고 4m나 6m의 도로가 있다면 개발행위를 할 수 있다는 뜻입니다. 용도지역은 계획관리 지역이므로 건폐율은 40%, 용적률은 100% 이내입니다.

건축물의 허용 여부는 '부동산 공법 체계의 구조도' 사진에서 '용도지역 내 행위 제한'을 보면 됩니다. 단독주택 건축은 유통상업 지역이나 전용공업 지역에서 금지되어 있습니다(단, 농림 지역이나 자연환경보전 지역에서는 농어가 주택에 한함). 계획관리 지역에서는 당연히된다는 이야기입니다. 그 아래로 보시면 제1종 근린생활시설은 모든지역에서 가능하다고 되어 있습니다. 물론 도로나 배수시설, 상하수도, 전기시설은 고려해야 합니다.

이처럼 현장에서 어떤 땅이 나왔다고 할 때 그곳에 어떤 건축물을 건축할 수 있는지 대략적인 이해를 하고 접근할 수 있는지 중요한 정보를 제공해 줍니다. 땅에 대한 투자를 하는 분들이 이 모든 법을 알고 투자를 할 수는 없습니다. 하지만 어떤 법이 어떻게 적용되고 있는지 알고 투자를 하면 투자 과정이 분명해집니다.

국토의 계획 및 이용에 관한 법률 국토의 계획적 체계적인 이용을 통한 난 개발(계획 없이 마구잡이 개발)을 막고 환경, 친화적인 국토이용체계를 구축하기 위한 것으로 국토의 이용, 개발 및 보전을 위한 계획의 수립 및 집행 등에 필요한 사항을 정함으로써 공공복리증진과 국민 삶의 질 향상을 목적으로 합니다.

종전에는 도시지역에서만 도시계획을 수립하여 토지를 이용 개발하였으나, 통합 법률에서는 도시지역, 비 도시지역 구분 없이 선 도시 기본계획에 의한 세부 관리계획을 수립한 후 개발 방식을 전환한 것이 주요 개편 내용입니다.

광역도시계획의 수립, 건설을 담당하는 국토교통부장관은 2 이상의 특별시, 광역시, 시 또는 군의 공간 구조 및 기능을 상호 연계시키고 환경을 보전하며, 광역시설을 체계적으로 정비하기 위하여 필요한 경우에는 인접한 2 이상의 특별시, 광역시, 시 또는 군의 관할 구역의 전부 또는 일부를 광역계획권으로 지정할 수 있습니다. 중앙행정기관의 장, 특별시장, 광역시장, 도지사, 시장 또는 군수는 국토교통부장관에게 광역계획권의 지정 또는 변경을 요청할 수 있습니다.

도시기본계획 도시의 기본적인 공간구조와 장기발전 방향을 위한 종합적인 토지이용계획에 대한 기본계획입니다. 20년 단위로 기본계획을 수립합니다. 특별시, 광역시, 시 또는 군(광역시의 관할구역 안에 있는 군을 제외)의 관할 구역에 수립하는 공간구조와 발전 방향에 대한 종합계획으로써 도시관리계획의 지침이 됩니다.

도시기본계획을 수립을 위한 토지이용계획은 목표연도의 토지 수요를 예측 및 추정하여 산정된 면적을 기준으로 '시가화용지(향후 도시의 발전에 대비하여 개발축과 개발 가능지를 중심으로 시가화에 필요한 개발공간을 확보하기 위한 용지), 시가화예정용지, 보전용지' 3단계로 나뉩니다.

도시관리계획 특별시, 광역시, 시 또는 군의 개발, 정비 및 보전을 위하여 수립하는 토지이용, 교통, 환경, 경관, 안전, 산업, 정보통신, 보건, 후생, 안보, 문화 등에 관한 계획이자 행정구속적 계획으로 일반 국민에 대해 직접 구속력을 갖습니다. 용도지역, 용도지구의 지정 또는 변경에 관한 계획, 개발 제한구역, 시가화조정구역, 수산자원보호구역 지정 또는 변경에 관한 계획, 지구단위 계획구역의 지정 또는 변경에 관한 계획과 지구단위 계획입니다.

공무원과의 통화, 정보 확인하기

많은 투자자들이 서류 확인이나 관공서에 전화하기를 두려워합니다.

필   자 안녕하세요. 궁금한 게 있어서 전화 드렸습니다.

공무원 네, 어떤 내용입니까?

필 자 다름이 아니고요, 혹시 평택의 신영리에 환경영향평가나
지구단위계획이 잡힌 것이 있습니까?

공무원 아니요, 아직은 그런 내용은 없습니다.

필 자 향후에는 어떻게 되나요?

공무원 그건 모릅니다.

이것이 주로 공무원들과 통화하는 내용입니다. 사실 별 내용은 없습니다.

2020년 2030년 2035년 평택의 도시기본계획수립(안)-주민설명회, 인터넷을 검색해서 시청이나 군청 홈페이지를 접속해보세요. 홈페이지에는 평택시에 관련된 많은 소중하고 중요한 정보들이 있습니다. 평택시의 인구는 2009년 421,231명에서 2015년 479,176명으로 증가했습니다. 부동산에 투자하려고 했을 때 중요하게 봐야 하는 정보가 인구의 증가입니다. 인구가 증가하는 곳은 산업단지, 주택, 도로 등의 인프라가 늘어납니다. 역으로 인구가 늘어야 기타 인프라가 늘어나겠죠.

국내의 전 국토를 대상으로 하는 공간계획의 법체계는 크게 '국토기본법'에 의한 국토계획과 '국토의 계획 및 이용에 관한 법률'에 의한 도시계획이 있으며, 도시의 일부 지역에는 도시 관리계획에 의한 지구단위계획 등이 있습니다. 또한 국토의 일부 지역 또는 수도권을 대상으로

하는 '수도권 정비계획법'에 의한 수도권 정비계획이 있고, '건축법'에 의한 도시 일부 지역 또는 개별건축물을 대상으로 하는 건축계획이 있습니다.

최소한 투자를 하려면 앞으로 그 지역이 어떻게 변화되는지 잘 확인해봐야 합니다. 공짜로 확인이 가능한 정보를 두고서 확인도 하지 않고 수천 만원~수억 원을 투자해서 손실을 본다면 그 책임은 확인하지 않은 자신에게 있습니다.

시청 사이트에서 분야별 정보만 확인해도 많은 정보들이 있습니다. 굳이 고위 공직자의 A급 정보를 얻느라 시간과 돈을 들이지 마세요. 공개된 정보를 활용해서 투자를 하면 타이밍은 약간 늦을지 모르지만 결코 늦은 정보는 아닙니다. 빠르다고 좋은 정보나 가치 있는 정보라고 할 수 없습니다. 실제 현장에서는 발표된 정보에 대한 해석이 더 많은 수익을 올릴 수 있습니다.

지구단위 계획구역

제1종지구단위 계획구역 기존의 시가지나 새로 조성된 시가지의 체계적인 관리가 필요할 때 지정되는 구역입니다. 제2종지구단위 계획구역은 도시화가 예상되는 지역에 대해 체계적인 개발과 관리가 필요할 때 지정되는 구역입니다. 제1종이 특정지역에 관계없이 지정되는 반면, 제2종은 용도지역상 계획관리 지역이나 개발진흥지구에 지정됩니다. 제2종 지구단위계획 구역에서는 용도지역상의 고유한 규제 범위를 넘어 타당성이 인정되면 용도, 건폐율, 용적률, 기타 조건 등이 상향 적용되기도 합니다.

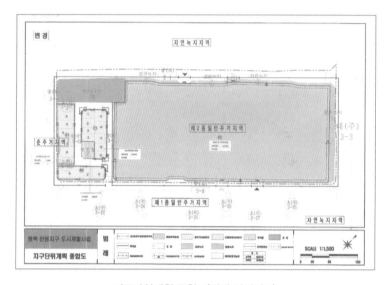

지구단위계획 종합도(평택 안정지구)

제2종지구단위 계획구역 제2종지구단위 계획을 수립하기 위하여 지정한 곳으로 계획관리지역 또는 개발진흥지구로써 일정한 요건에 해당하는 지역이 대상입니다. 해당 구역의 중심기능에 따라 주거, 산업, 유통, 관광, 휴양, 특정, 복합형으로 구분합니다. 비도시 지역의 계획적인 개발을 위해 민간(지자체 포함)이 3만m² 이상을 개발하는 사업에 대해 기반시설의 조성 등 상세계획을 수립하여 개발하도록 하는 제도입니다. 주거형 제 2종지구단위 계획구역은 주민의 집단적 생활근거지로 이용되고 있거나 이용될 지역으로 계획적 개발이 필요한 경우에 지정합니다. (*2015년 이후에는 1종과 2종 표현이 사라졌습니다.)

개발밀도 관리구역 주거, 상업 또는 공업지역에서 추가적으로 개발하는 경우 기반시설의 처리, 공급, 수용능력이 부족할 것으로 예상되는 지역 중에서 추가적인 기반시설의 설치가 곤란한 지역에 대해 건폐율, 용적률 등 개발밀도를 당해 지역에서 허용하고 있는 수준보다 강화하여 개발행위 자체를 억제하기 위해 지정하는 구역입니다.

가장 투자가치가 있는 땅은 '관리 지역'입니다. 관리 지역은 도시와 농촌의 중간 정도의 지역으로 주로 집단적 농지가 아니라 개발이 가능한 땅입니다. 이 땅에는 전, 답, 임야라는 지목이 있습니다. 물론 다른 지목도 있지만 투자가치로 볼 때 위치가 좋으면서 가격이 저렴한 땅이 좋은 땅입니다.

'임야'는 농취증(농업취득자격증명서)이 필요 없어 계약 후 토지사용승낙서를 받아 분할을 해서 소액으로 많이 팔기도 합니다. 실제 지목은 전, 답이지만 과수원이나 기타 다른 목적으로 이용되고 있는 땅은 농취증을 발급받아(단, 주거지역 상업, 공업 지역의 농지는 농취증 없이 소유권이전 가능) 소유권이전이 가능합니다.

'농지'는 전, 답, 과수원으로 실제 농작물이 경작되는 토지입니다. 농지법은 거주지역에 관계없이 농지를 취득할 수 있도록 규정하고 있으며, 최초의 농지 취득은 1000m² 이상이어야 농취증 발급을 받을 수 있고 소유권이전등기를 할 수 있습니다.

땅 투자는 '큰 계획이라 할 수 있는 국토의 계획 및 이용에 관한 법률인 숲을 보는 방법'과 '건축행위라는 작은 행위제한을 파악하는 나무를 보는 방법'이 있습니다. 땅을 사서 우연히 돈을 벌 수는 있지만, 이런 부동산 공법이나 행위제한 건축 가능 여부를 모른다면 그런 요행은 다시 일어나기 어렵습니다. 최소한 부동산 공법 책을 여러 번 읽는다면 땅 투자에 많은 도움이 될 것입니다.

 부자가 되는 방법 ❺

어떤 전문적인 일이라도 그 일을 하기 위해서는 히어링이 되어야 합니다. 투자를 하러 갔을 때 중개사나 마케팅 직원의 이야기가 이해되지 않는다면 투자로 수익을 올리기는 어렵습니다. 그들의 밥이 되기 쉽습니다. 각종 규제가 많은 땅에 허가를 받아주는 전문분야를 개척해 보세요. 이런 실력이 부자를 만들어 줍니다.

용도지역, 용도지구, 용도구역
부동산 공법

부동산 공법에 대한 이해

땅, 토지에 투자를 하기 위해서는 부동산 공법을 이해해야 합니다. 세밀하게 모른다 해도, 내가 땅을 사서 단독주택이나 예쁜 전원주택을 한 채 짓는다는 마음으로 관심을 가지고 공부를 하다 보면 어느 정도까지 알게 됩니다. 공법을 알아야 하는 이유는 내 땅에 과연 어떤 건축물이 가능한지, 건축을 하려고 했을 때 어떤 건축물이 가능한지 안다면 적절한 가격에 팔 수도 있고, 살 수도 있습니다. 즉 투자 분석이 가능해집니다.

용도 지역	• 모든 토지에 지정 • 하나의 토지에 중복 지정 불가 • 토지용도에 따른 수평적 이용규제 • 토지의 경제적 효율적 이용 • 공공복리 증진	건축물의 용도, 건폐율, 용적률 제한

용도 지구	• 필요한 토지에 지정 • 하나의 토지에 중복 지정 가능 • 개별 목적에 따른 용도 규제 • 용도지역의 기능 증진 • 미관, 경관, 안전 등의 도모	용도지역의 행위 제한 을 강화 또는 완화
용도 구역	• 필요한 토지에 지정 • 하나의 토지에 중복 지정 가능 • 토지의 이용개발 제한 • 시가지의 무질서한 확산 방지 • 계획적 단계적 토지의 이용 도모 • 토지 이용의 종합적 조정 관리	• 용도지역, 용도지구 의 행위 제한과 별 도의 행위 제한 • 개발행위 제한구역 지정 및 관리에 관한 특별조치법 규정

용도지역, 용도지구, 용도구역의 구별

용도지역 토지의 이용 및 건축물의 용도, 건폐율(건축법 제47조의 건폐율), 용적률(건축법 제48조의 용적률), 높이 등을 제한함으로써 토지를 경제적·효율적으로 이용하고, 공공복리 증진을 도모하기 위하여 서로 중복되지 않게 도시관리계획으로 결정한 것입니다.

국토의 계획 및 이용에 관한 법률 제6조는 국토를 토지의 이용실태 및 특성 장래의 토지 이용 방향 등을 고려하여 '① 도시지역 ② 관리지역 ③ 농림지역 ④ 자연 환경보전지역' 4종류의 용도지역으로 구분합니다. 그리고 도시지역은 주거지역, 상업지역, 공업지역, 녹지지역으로, 관리지역은 보전관리지역, 생산관리지역, 계획관리지역으로 구분하여 도시관리계획으로 지정합니다. 용도지역, 지구에 관한 도시관리계획이 결정 및 고시되면 별도의 조치가 없어도 각 지역, 지구, 구역 내의 모든 토지는 그 지정 목적에 따라 건축행위는 물론 토지 이용행위에 공법상의 제한을 받게 됩니다.

① 도시지역

인구와 산업이 밀집되어 있거나 밀집이 예상되어 당해 지역에 대하여 체계적인 개발, 정비, 관리, 정비 등이 필요한 지역

② 관리지역

도시지역의 인구와 산업을 수용하기 위하여 도시지역에 준하여 체계적으로 관리하거나, 농림업의 진흥, 자연환경 또는 산림의 보전을 위하여 농림지역 또는 자연환경보전 지역에 준하여 관리가 필요한 지역

③ 농림지역

도시 지역에 속하지 아니하는 [농지법]에 의한 농업진흥지역 또는 [산지관리법]에 의한 보전산지 등으로 농림업의 진흥과 산림의 보전을 위하여 필요한 지역

④ 자연환경보전지역

자연환경, 수자원, 해안, 생태계, 상수원 및 문화재의 보전과 수산 자원의 보호 육성 등을 위하여 필요한 지역

용도지역, 지구 안에서 행위 제한은 '국토의 계획 및 이용에 관한 법

률'에 각 개별법 또는 조례 등에 개별적인 규정을 두고 있습니다. 특히 개발제한구역 안에서의 행위 제한은 별도의 법률을 만들어 규제를 하고 있습니다.

용도지역의 변경 '시장 군수 입안 – 주민 및 지방의회의 의견청취 – 관계부서 협의 – 도시 관리계획위원회심의 – 시도시자의 결정 – 고시/ 일정 규모 이상은 국토교통부장관 승인'이라는 절차를 거칩니다.

용도지역을 확인하는 이유는 해당 토지의 건폐율 및 용적률, 건축 가능 여부, 건축물의 높이에 관한 건축 제한을 확인하기 위해서입니다. 국토부장관, 시·도지사, 대도시 시장은 대통령령이 정하는 바에 따라 용도지역을 도시, 군관리계획 결정으로 다시 세분하여 지정하거나 변경할 수 있습니다.

용도지구에서의 행위 제한

용도지구 토지의 이용 및 건축물의 용도, 건폐율, 용적률, 높이 등에 대한 용도지역의 제한을 강화 또는 완화하여 적용함으로써 용도지역의 기능을 증진시키고, 미관, 경관, 안전 등을 도모하기 위하여 도시관리계획으로 결정하는 지역을 말합니다.

국토의 계획 및 이용에 관한 법률상 다음과 같이 구분하고 있습니다.

① **경관지구**

경관을 보호 형성하기 위해 필요한 지구

② **미관지구**

미관을 유지하기 위해 필요한 지구

③ **고도지구**

쾌적한 환경조성 및 토지의 고도 이용과 그 증진을 위하여 건축물의 높이의 최저한도 또는 최고한도를 규제하기 위해 필요한 지구

④ **방화지구**

화재의 위험을 예방하기 위해 필요한 지구

⑤ **방재지구**

풍수해, 산사태, 지반의 붕괴 그 밖의 재해를 예방하기 위한 지구

⑥ **보존지구**

문화재, 중요시설물 및 문화적 생태적으로 보존가치가 큰 지역의 보호와 보존을 위해 필요한 지구

⑦ **시설 보호지구**

학교시설, 공용시설, 항만 또는 공항의 보호, 업무기능

의 효율화, 항공기의 안전 운항 등을 위해 필요한 지구

⑧ **취락지구**

녹지지구, 관리지역, 농림지역, 자연환경보전지역 취락
을 정비하기 위해 필요한 지구

⑨ **개발진흥지구**

주거기능, 상업기능, 유통물류기능, 관광기능, 휴양기능
등을 집중적으로 개발 정비할 필요가 있는 지구

⑩ **특정용도 제한 지구**

주거가능 보호와 청소년 보호 등의 목적으로 청소년 유
해시설 등 특정 입지를 제한할 필요가 있는 지구

⑪ **위락지구**

⑫ **리모델링지구**

지구 규제 내용	경관 지구	미관 지구	고도 지구	방화 지구	방재 지구	보존 지구	시설 보호 지구	취락 지구	개발 진흥 지구	특정 용도 제한 지구	위락 지구	리모 델링 지구
용도	○	○	○	○	○	○	○	○	○	○	○	○
건폐율	○											
용적률	○											
건축물의 높이	○	○	○									

건축물의 규모	○								
건축물 형태	○								
단지 내 조경	○								
색채	○								
건물구조 /재료	○		○						
부속 건물 등	○								

용도지구에서의 행위 제한

*참고: 〈부동산 공법 무작정 따라 하기〉 남우현 저

용도구역의 지정목적

용도구역 토지의 이용 및 건축물의 용도, 건폐율, 용적률, 높이 등에 대한 용도지역 및 용도지구의 제한을 강화하거나 완화하여 따로 정함으로써 시가지의 무질서한 확산 방지, 계획적이고 단계적인 토지이용의 도모, 토지이용의 도모, 토지이용의 종합적 조정, 관리 등을 위하여 도시 · 군관리계획으로 결정하는 지역을 말합니다.

국토계획법에서는 개발제한구역, 도시자연 공원구역, 시가화조정구역, 수산자원 보호구역으로 4가지가 지정되어 있습니다. 국도계획법에 의한 용도구역에서의 행위 제한은 따로 법률로 정하거나 도시 · 군관리 계획으로 결정하고 있습니다.

용도구역	지정목적
개발제한구역	도시의 무질서한 확산을 방지하고 도시 주변의 환경과 도시인의 건전한 생활환경 보전을 위하여 도시 개발을 제한할 필요가 있거나, 보안상의 제한이 필요한 경우에는 개발 제한구역의 지정 또는 변경을 도시관리계획으로 결정할 수 있습니다.
도시자연공원구역	시도지사 또는 대도시 시장은 도시의 자연환경 및 경관을 보호하고 도시민에게 건전한 여가 휴식공간을 제공하기 위하여 도시지역 안에서 식생이 양호한 산지의 개발을 제한할 필요가 있고, 인정되는 경우에 도시자연공원구역의 지정 또는 변경을 도시·군관리계획으로 결정할 수 있습니다.
시가화조정구역	도시지역과 그 주변 지역의 무질서한 시가화를 방지하고 계획적이고 단계적인 개발을 도모하기 위하여 일정기간 동안 시가화를 유보할 필요가 있고, 인정되는 경우에 도시 관리계획으로 시가화 조정구역을 지정 또는 변경할 수 있습니다.
수산자원보호구역	수산자원을 보호. 육성하기 위하여 해양수산부장관이 직접 또는 관계행정기관의 장의 요청을 받아 필요한 공유수면이나 그에 인접한 토지에 대하여 도시·군관리계획으로 지정된 지역을 말합니다.

용도구역에 대한 설명

여기까지가 토지이용계획확인서에서 드러난 규제사항을 해석하기 위해 필요한 용도지역, 용도지구, 용도구역에 대한 내용입니다. 토지이용계획확인서에 제한사항이 적은 땅이 활용가치가 높은 땅이라고 할 수 있습니다. 여러 가지 중복되어 있는 규제는 한 번에 풀기도 어렵습니다.

좋은 땅은 규제로부터 자유로운 땅이며, 주변의 개발과 더불어 그 용도가 밀도 있게 개발할 수 있는 땅입니다. 유동인구가 늘어나서 상업적인 기능이 충분한 공간이라고 봅니다. 앞으로 이렇게 바뀔 땅을 예상하고 찾아내는 일이 땅 투자를 하는 목적입니다.

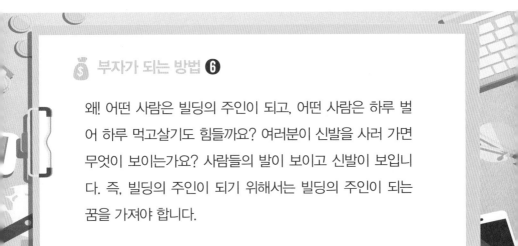

부자가 되는 방법 ⑥

왜! 어떤 사람은 빌딩의 주인이 되고, 어떤 사람은 하루 벌어 하루 먹고살기도 힘들까요? 여러분이 신발을 사러 가면 무엇이 보이는가요? 사람들의 발이 보이고 신발이 보입니다. 즉, 빌딩의 주인이 되기 위해서는 빌딩의 주인이 되는 꿈을 가져야 합니다.

개발행위 허가를 위해 필요한 것

개발행위 허가는 토지의 가치를 높여서 높은 가격에 매매를 하는데 있습니다. 농산물인 과일을 예로 들어보면 약간의 흠이 있거나 작거나 색이 변한 과일은 그대로 팔기 어렵습니다. 그 이유로 그런 과일을 모아서 별도의 브랜드로 팔거나, 가공업체에 넘기면 버리지 않아도 되고 훨씬 부가가치를 높일 수 있습니다. 토지도 개발행위 허가를 받거나 건축물을 지어서 분양을 한다면 원형지 그대로 파는 것보다 훨씬 비싸게 팔 수 있습니다.

건축법의 취지는 건축물의 대지, 구조 및 설비의 기준과 건축물의 용도 등을 정하여 건축물의 안전, 기능, 환경 및 미관을 향상시킴으로써 공공복리 증진에 이바지함을 목적으로 하는데 있습니다.

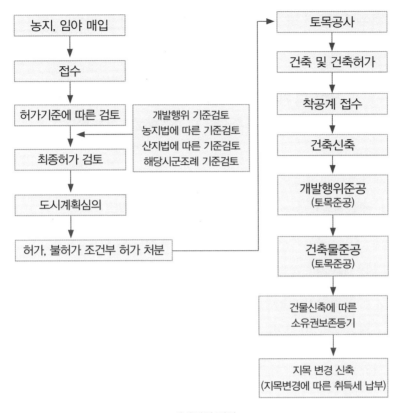

개발행위 절차도

개발행위 허가 토지이용과 관련된 개발행위 중 도시계획 차원에서 검토가 필요하거나 관리하는 것이 타당하다고 판단되는 경우에는 국토계획법에 의거하여 특별시장 광역시장 또는 군수의 허가를 받도록 하고 있으며 이것을 '개발행위 허가제도'라 합니다. 즉 개발행위 허가 제도는 계획의 적정성, 기반시설의 확보 여부, 주변환경과의 조화 등을 고려하여 개발행위에 대한 허가 여부를 결정함으로써 계획에 의한 개발이 이루어지도록 하기 위한 제도입니다. 그에 따라 농지나 산지를 전용하여 주택부지, 공장부지, 창고부지 등을 조성하기 위해서는 반드시 개발행위 허가를 받아야 합니다.

**① 건축물의 건축 ② 공작물의 설치 ③ 토지의 형질 변경
④ 토석의 채취 ⑤ 토지 분할 ⑥ 물건을 쌓아 두는 행위**

개발행위 허가는 다음과 같은 절차를 거치게 됩니다.

1. 개발행위를 하려는 자는 그 개발행위에 따른 기반시설의 설치나 그에 필요한 용지의 확보, 위해 방지, 환경오염방지, 경관, 조경 등에 관한 계획서를 첨부한 신청서를 개발행위 허가권자에게 제출합니다.

2. 허가권자인 특별시장, 광역시장, 시장 또는 군수는 제1항에 따른 개발행위 허가의 신청에 대해서 특별한 사유가 없으면 법령이 정하는 기간인 15일 이내에 허가 또는 불허가 처분을 하여야 합니다. 15일의 기간 계산 시 도시계획위원회의 심의를 거쳐야 하거나 관계행정기관과 별도의 협의를 하여야 하는 경우에는 심의 또는 협의 기간이 15일에 포함되지 않습니다.

3. 특별시장, 광역시장, 시장 또는 군수는 개발행위 허가를 하는 경우 제2항에 따라 허가 또는 불허가의 처분 사유를 서면으로 통보합니다.

4. 특별시장, 광역시장, 시장 또는 군수는 개발행위 허가를 하는 경우 기반 시설의 설치 또는 그에 필요한 용지의 확보, 위해 방지, 환경오염 방지, 경관 조경 등에 관한 조치를 할 것을 조건으로 개발행위 허가를 할 수 있습니다.

특히 공장부지를 조성하기 위해서는 대개 자연재해 대책법에 의한 사전재해 영향성 검토와 환경영향평가법에 의한 소규모환경영향평가 협의절차도 동시에 진행해야 합니다. 통상 별도의 전문용역기관과 용역을 주어 진행이 됩니다. 그에 따라 인허가에 소요되는 기간도 협의 기간만큼 길어지게 됩니다.

개발행위 허가를 받기 위해 확인해야 할 것

1. 개발하려는 목적을 토지이용계획 확인서를 통해 확인합니다.

국토이용계획 및 이용에 관한 법률을 확인하려면 '**부동산 공법 체계의 구조도(책 마지막에 있는 표)**'에서 용도지역 내 행위제한 요약을 보면 됩니다. 허용가능한 건축물이 있는데, 이를 참고해서 건축물을 설계하면 됩니다.

2. 용도지역별 개발행위 허가 규모를 확인해야 할 때는 용도지역별 허가 규모(도시계획조례)를 참고하면 됩니다.

3. 기존 현황 법정도로가 4m 이상이어야 합니다.

· 개발규모 1,000m² 미만 – 4m 이상

· 개발규모 1,000m² ~ 10,000m² – 6m 이상

· 개발규모 10,000m² ~ 30,000m² – 8m 이상

4. 배수로가 확보되어 있어야 합니다.

5. 경사도 기준으로(평택시 기준) 15도 미만

6. 입목본수 기준으로 대상토지 경계에서 10m를 더한 구역 내 서식하는 총 입목본수가 평균 직경에 해당하는 입목수에 60%를 초과하는지(평택시 기준) 확인해야 합니다.

7. 개발하려는 시설이 도시계획심의를 받아야 하는지 확인해야 합니다.

8. 해당 토지가 속한 용도지역이 도시계획 심의를 까다롭게 보는 개발규제 강화용도인지 확인해야 합니다.

*참고: 〈토지투자 부동산 공법〉 전종철, 이상길, 이재문 공저

사례

필자가 가지고 있는 고향의 땅은 다음과 같이 되어 있습니다. 이 땅은 현재 계획관리지역의 답입니다. 허가를 받는데 있어서 1000m² 이하 4m의 도로 폭만 나온다면 전기는 이미 들어와 있고, 배수로는 자연배수로를 만들거나 도로의 아래에 배수로를 묻고, 상수도는 논 위에 주택이 있으므로 주택에서 상수도를 연결해서 쓰면 됩니다.

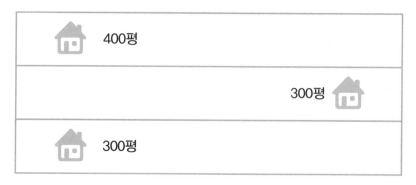

필자의 시골 땅 가분할도

현재 이 땅은 평당 20만원이므로 1300평이라면 2억 6000만원입니다. 이 땅에 개발행위 허가를 받기 위해 평당 공시지가가 28000원이라면 1300평×28000원×30%=10,920,000원이고, 토목 허가비는 1300×1만원=13,000,000원, 합계 23,920,000원,

토목 공사비가 2000만원일 때 이 토지에 개발행위허가를 받아서 40만원에 판다면

400,000원×1300평=520,000,000원 – (260,000,0000+23,920,000원+20,000,000원)=216,080,000원의 수익이 발생합니다.

실제 논으로 그냥 파는 것보다 개발행위 허가를 받아서 팔면 216,080,000원의 수익이 남게 됩니다. 물론 수익을 남기고 판매를 하려면 수요, 시장 조사를 하고, 마케팅을 잘해야 합니다. 최악의 경우에는 개발행위 허가를 내놓고도 분양이 되지 않아 개발행위 허가가 취소될 수 있습니다.

임야 개발 행위 허가 비용

평당 약 1만원× 평수 = 대체산림조성비
1만원× 평수 = 토목설계비

전, 답 개발행위 허가 비용

공시지가 × 30%× 평수 = 농지전용부담금(농지보전부담금 상한액=50,000원/m²당)

1만원× 평수 = 토목설계비

개발행위를 한 후 개발부담금의 납부기준은 개발부담금 대상사업일 때 부과됩니다. 이 사업을 결정짓는 기준은 최초 개발행위 허가 당시의 면적입니다. 만약 개발부담금 대상 토지를 분양받은 사람이 토지에 건물을 신축하게 되면 개발부담금을 납부해야 합니다.

가분할 상태에서 매수자 이름으로 허가를 받는다면 개발부담금을 납부하지 않을 수 있습니다. 2017년 1월 1일 이후 면적 기준은 특별시 광역시 자치시의 도시지역 1000㎡ 이상, 기타 도시지역 1500㎡ 이상, 비도시지역 2500㎡ 이상으로 작게는 몇 천에서 많게는 몇 억까지 됩니다.

땅에 대한 투자는 궁극적으로 건축물을 지어서 임대를 하거나 매매를 하는 것입니다. 다음 절차에 따라서 건축을 합니다. 상당히 복잡한 과정을 거칩니다. 건축 하나 하면 10년을 늙는다는 이야기가 괜히 있는 것은 아닙니다. 경험이 없는 일반 투자자가 이런 과정을 체크하고 건축을 하기는 어렵습니다. 그때는 전문가를 활용해야 합니다.

순번	건물 신축 체크리스트	
1	자금 확보	☑
2	건축물 용도 정하기 – 원룸/다가구/다세대/상가/근생건물	☑
3	중개업소에서 매물 소개 받기	☑
4	건폐율, 용적률 등 설계사무소에 가설계 의뢰하기	☑
5	매매계약체결 및 중도금, 잔금 치루기	☑
6	건축사무소 찾아보고 설계도면 작성하기	☑
7	감리사 찾아보기	☑
8	시공사에 건축비 견적받은 후 검토 및 가격 조율하기	☑
9	시공사와 도급계약 체결	☑
10	인허가 진행 및 관련 문제 해결하기	☑
11	착공식	☑
12	공사, 소음, 먼지, 진동 등으로 인한 민원발생 및 해결	☑
13	시공사와 하청회사간 자금결제가 제대로 집행되는지 점검하기	☑
14	공사가 설계대로 진행되는지 시공사와 점검하기	☑
15	시공사측 설계 변경 구실로 인한 추가비용 발생 및 고충 해결	☑
16	수시로 현장 인부들 챙기기	☑
17	각종 인입(전기, 가스, 수도, 정화조) 비용 지불하기	☑
18	사용승인검사 진행 및 하자 해결하기	☑
19	사용승인 후 마무리 공사 챙기기	☑
20	공사비 잔금 치루기	☑
21	준공에 따른 건물 보존등기	☑
22	분양 및 임차인 구하기	☑

건물신축 체크리스트

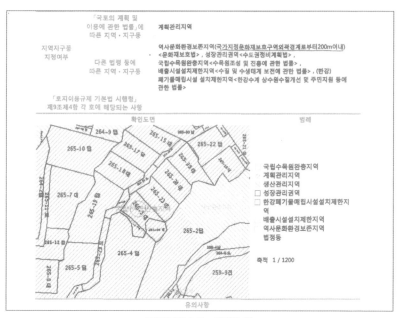

전원주택으로 개발한 땅

전원주택으로 개발한 건축물

앞의 토지를 개발해서 허가를 받아 전원주택을 건축했습니다. 이 땅은 용도지역, 지구사항에 역사문화환경보전지역, 국립수목원완충지역, 배출시설제한지역, 폐기물매립시설제한지역으로 지정된 다소 복잡한 땅입니다. 이런 땅에도 전원주택 건축이 가능하다는 사례를 보여드립니다.

 부자가 되는 방법 ❼

현장답사를 얼마나 가보셨나요? 현장에서 느낀 점이 무엇인가요? 그 시간을 기록으로 남겨보세요. 분명 원하는 것을 얻을 수 있습니다. 물론 저도 그렇게 하고 있습니다. 그 아이디어를 모아서 출판할 계획도 있습니다.

부동산 공부상 서류를
확인하자

등기부등본을 확인하자

이 장의 앞부분에서는 전체적인 계획이나 부동산 공법에 대해서 이야기했습니다. 이 부분은 부동산 공법을 공부한 사람들은 쉽겠지만, 공부를 하지 않고 투자에 나서는 분들에게는 다소 어렵게 느껴지실 겁니다. 하지만 투자에서 내 돈을 잃지 않고 수익을 거두기 위해서는 투자 전 부동산 공법에 관한 책을 여러 권 읽는 것이 좋습니다.

다음은 개인적인 부동산 거래나, 공인중개사를 통한 부동산 거래, 법무사를 통한 부동산 직거래 시 기본적으로 확인해야 하는 서류입니다. 먼저 땅의 주민등록등본이라 할 수 있는 **등기사항전부명령서(등기부등본)에 대해 알아보겠습니다.** 일상생활에서도 등기부등본은 아파트를 거래하거나 임대차계약서를 쓸 때도 확인해야 하는 서류 가운데 1순위입니다.

등기부등본

등기부등본은 먼저 표제부/갑구/을구로 나누어집니다. 표제부는 부동산의 표시와 그 소재지입니다. 갑구는 소유자의 이름과 주소, 가등기, 압류, 가압류 등 소유권과 관련된 사항입니다. 을구는 소유권 이외의 권리사항으로 지상권, 지역권, 전세권, 저당권, 임차권 등이 설정됩니다.

등기부등본에 저당권이 설정되어 있다면 그 금액을 금융기관이나 채권자에게 확인을 하고 매매대금에서 그 금액을 빼고 매도자에게 지불하면 됩니다. 그래야 나중에 대출한 금액을 갚지 않아서 오는 피해를 막을 수 있습니다. 또 매도자는 대출금액이나 기타 압류, 가압류를 해결했는지 확인해야 합니다. 그래야 나중에 피해가 없습니다.

하지만 공부서류로 확인이 안 되는 일들이 많습니다. 특히 공장, 창고, 음식점, 동물사육시설, 상가 등은 주민들이 반대를 한다면 허가가 되더라도 건축이 불가능할 수 있습니다. 투자자들은 현지에 살지 않는 경우가 많기 때문에 시, 군, 구청 담당과에 문의를 해봐야 압니다. 또한 현장 방문 후 주민들의 반응도 확인해야 합니다. 계약 후에 문제가 생기면 되돌릴 수 없습니다. 등기부등본에는 이전의 매매가격이 기록되어 있습니다. 기재가 되어있다면 반드시 확인해 보시길 바랍니다.

토지대장(임야대장) 확인하기

토지대장(임야대장)은 토지의 소재지, 지번, 지목, 지적, 개별공시지가 및 소유자의 주소, 성명 등을 기재하여 토지의 물리적 현황을 등록하고 공시하기 위한 지적 공부로써 그 내용 중 지목, 면적 등이 등기부등본의 내용과 일치하는지 확인해야 합니다.

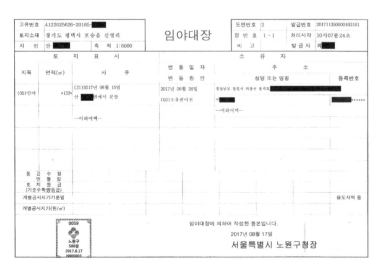

토지대장(임야대장)

28개 지목 중에서 '산'이 붙은 임야는 임야대장에 등록하고, '산'자가 없는 번지의 임야나 다른 지목은 토지대장에 등록합니다. 수치에 1:1200은 지적도상 1cm가 12m이고, 1:6000은 지적도상 1cm는 실제로는 60m입니다.

등록전환은 임야도의 토지를 지적도로 등록전환 시 면적이 달라질 수 있습니다. 측량성과도를 받고 면적 확인 후 매수하는 게 좋습니다. 임야 중에 '산'자가 붙은 임야가 있고, 그냥 번지 뒤에 '임'이라는 지목만 붙은 임야가 있습니다. '산'자가 붙지 않은 임야를 '토임'이라고 말합니다. 현장에서 '토임'이 나오면 주의 깊게 보길 바랍니다. 좋은 투자 매물이 될 수 있습니다.

토지등급 공시지가 제도 이전(1990년 이전)에 지방 세법에 의하여 재산을 취득 또는 양도하는 경우에 과세를 위하여 토지의 등급을 정한 것입니다.

개별공시지가 개별공시지가는 양도소득세, 상속세, 종합토지세, 취득세 등 국세와 지방세 산정의 기초자료로 활용됩니다.

지적도(임야도) 확인하기

 지적(임야)도는 토지(임야)대장에 등록된 토지에 관한 사항을 알기 쉽게 도면으로 표시해 놓은 지적 공부로써 토지의 경계를 밝히는 것이 주목적입니다. 토지의 형태와 인접도로의 상태를 확인할 수 있으며, 주변 토지와의 경계를 알 수 있어 현장을 답사할 때는 지적(임야)도로를 세심하게 확인해야 합니다.

 사실 현장에서는 지적도면만 가지고 확인하기는 어렵습니다. 수목이 우거졌거나 잡초가 자라서 경계선이 보이지 않을 수도 있습니다. 땅 소유주와 같이 현장에 가서 현재 사용하고 있는 경계를 확인해야 합니다. 때로는 현장에서 부동산을 오래한 중개사들도 혼동하는 경우가 있습니다. 제대로 확인하지 않고 계약을 했다면 그 책임은 누구에게 있을까요?

 현장에서는 지적도상 남의 땅을 침범해서 건축물이 지어진 경우도 있고, 경계가 불명확한 경우도 있습니다. 나중에 문제가 없도록 경계측량을 해서 확실한 경계를 확인해야 합니다. 지적도에서 확인해야 할 사항은 도로의 유무입니다. 또한 모양이 반듯하고 주변이 개발하려는 용도와 맞는 지역이어야 합니다.

 홀로 떨어진 건축물은 임대나 매매를 하는데 제약이 되기도 합니다. 공장이 있는 지역에 공장이 건축되어야 하고, 전원주택이 많은 지역에 전원주택이 있어야 합니다. 유동인구가 있는 지역에 근린생활시설이 있어야 합니다. 나 홀로 있는 아파트 또한 편의시설이 없어 가격이 오르기 어렵습니다. 지적도를 보면서 주변을 반드시 확인해 보시길 바랍니다.

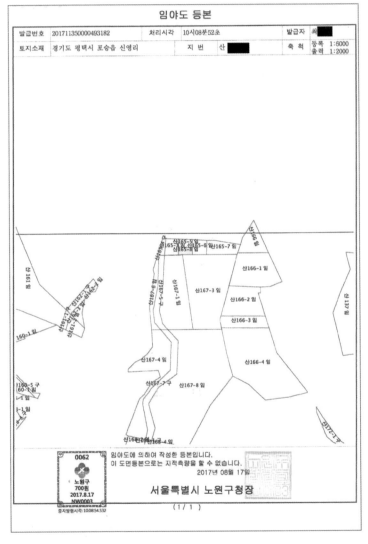

지적(임야)도

토지이용계획확인서는 토지에 대한 공법상의 제한 상태를 확인할 수 있는 기본 서류로 국토의 계획 및 이용에 관한 법률에 따른 도시관리계획의 내용, 다른 법령에 의하여 결정 고시된 지역, 지구, 구역 등의 지정 토지의 용도 및 도시계획시설의 결정 여부 등에 관한 계획을 확인하는 서류입니다.

이렇게 토지이용계획확인서는 토지를 어떤 용도로 활용할 수 있는지 알아볼 수 있고, 또 관련 법률의 공법상의 제한 상태를 확인할 수 있는 서류이기 때문에 반드시 확인해야 할 중요한 지적 공부(公簿)입니다. 그런데 이런 제한 상태를 토지이용계획확인서의 규제 내용과 실무에 적용하는 방법은 '국토이용 관련 법률의 체계화된 도시계획'에 대한 명확한 개념이 없다면 초보자뿐만 아니라 시장에서 전문가라고 불리는 사람일지라도 정확히 분석하기 어렵습니다.

대한민국의 국토이용에 관한 법률체계는 이 책 마지막에 표로 실려 있으며, 토지이용계획확인서의 규제 내용을 분석하고 실무에 적용하는 방법은 다음과 같습니다.

1 문화재보호구역, 군사시설보호구역, 개발제한구역, 상수원보호구역 등 개발이 제한되는 지역인지 반드시 확인합니다.

2 건축행위 가능 여부는 시, 군, 구청 해당과에 문의를 해보면 대부분 알 수 있습니다.

토지이용계획확인서				처리기간 1일		
신청인	성명		주소			
			전화번호			
신청 토지		소재지		지번	지목	면적(㎡)
		경기도 평택시 포승읍 신영리		산■■	(05)임야	132

지역· 지구등 의 지정 여부	「국토의 계획 및 이용에 관한 법률」에 따른 지역·지구등	계획관리지역
	다른 법령 등에 따른 지역·지구등	[해당없음]

「토지이용규제 기본법 시행 령」 제9조제4항 각호에 해당 되는 사항	[해당없음]

확인도면		범례 경제자유구역 제1종일반주거지역 제3종일반주거지역 자연녹지지역 제2종일반지역 농림지역 농업진흥구역 농업보호구역 법정동등
		축척　1:6000

「토지이용규제 기본법」 제10조제1항에 따라 귀하의 신청
토지에 대한 현재의 토지이용계획을 위와 같이 확인합니다.

2017년 08월 17일

서울특별시 노원구청장

수입증지붙이는곳
수입증지 금액 (지방자치단체의 조례로 정함)

0061
노원구
1,000원
2017.8.17
NW0003
증지발행시각:10:07:47.659

토지이용계획확인서

마음에 드는 땅을 발견했다면 네이버나 다음 지도를 통해서 해당 땅의 위치를 확인하면 됩니다. 요즘은 다음 로드뷰를 이용하면 해당 토지에 가보지 않고, 대부분을 확인할 수 있습니다. 시간과 돈을 들여서 허탕 치고 돌아오는 일은 없어야 합니다.

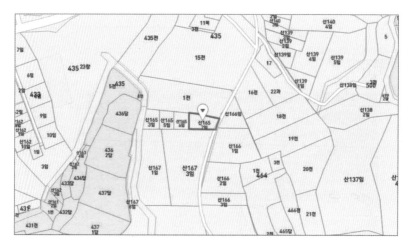

신영리 근처의 땅. 네이버 지적편집도 캡처

지금은 땅 투자하기가 너무 편리해졌습니다. 안방에서 현장에 가지 않고 이 땅이 어떻게 되었는지 대부분을 알아볼 수 있습니다. 그래서 일반인이 접근하기도 점점 쉬워지고 있습니다. 과거에는 전문가들의 영역처럼 느껴지던 것들이 지금은 누구나 할 수 있는 시대입니다. 그래서 차별화와 경쟁력이 필요합니다.

신영리 근처의 땅. 다음 로드뷰 캡처

길은 어떻게 되어 있고, 땅에는 무엇이 심어져 있는지 현장 상황을 알수 있습니다. 부동산중개사 사무실에서도 다음 로드뷰를 보면서 브리핑을 하는 분들이 많습니다. 현장에 가지 않아도 고객들의 판단을 이끌어 낼 수 있기 때문입니다. 잘 활용하시면 많은 도움이 됩니다.

💰 부자가 되는 방법 ❽

실패에서 얻은 것이 무엇인가요? 실패를 단지 잘못이라고 생각하나요? 자신을 비난하고 비판하고 화를 내고 있는가요? 그렇다면 그 에너지를 자신의 발전을 위한 디딤돌로 쓰길 바랍니다. 화는 자신에게 상처를 남기지만, 극복은 가능성을 남깁니다.

06
컨설팅매매로
땅의 가치를 올리는 법

컨설팅매매란 이런 것입니다. 공동개발을 원하는 지주를 찾아가 "당신 땅을 원하는 땅값으로 받아줄 테니 땅을 개발합시다. 개발 비용은 우리가 알아서 하겠습니다"라는 식으로 지주에게 작업 이 들어갑니다. 이 작업이 성공적으로 이루어지면 지주와 공동개 발 계약서를 작성하게 되고, 추후 토지값으로 얼마를 준다는 식 의 계약이 이루어지게 되는 것입니다. 그 후 토지사용 승낙서를 받아 개발 행위허가를 받고 가분할 도면을 가지고 부지 선분양을 이끌어냅니다.

– 〈평생연봉, 나는 토지 투자로 받는다〉 중에서

토지 분할과 개발행위 허가를 통해서 땅의 가치를 올리는 법

많은 투자자들이 땅을 땅으로만 팔려고 합니다. 현장에 가보면 고객 이 직접 매매하는 토지를 연결하기도 하지만, **컨설팅매매라고 하는 땅**

을 팔기도 합니다. 이런 땅들은 부동산에서 농업법인이나 부동산 투자 법인 명의로 땅을 매입해서 기획을 하거나 컨설팅을 해서 팔아 돈을 남 깁니다.

평택 신영리의 컨설팅매매한 땅

그림에서 보면 이 땅은 2차선 도로에 물려 있습니다. 평수는 5230평 으로 크지만 도로에 접한 면적이 좁고 모양도 긴 신발 모양처럼 예쁘지 도 않습니다. 이 땅을 이 모양 그대로 팔면 평당 130만원 정도밖에 받 지 못합니다. 문제는 130만원×5230평 = 67억 9900만원입니다. 아무 리 평택이라 하지만 별 볼 일 없는 임야에 이런 돈을 주고 살 투자자는 없습니다. 고민 끝에 3명의 투자자를 모아서 이 땅의 가운데 6m 도로 와 배수관, 상수도관, 전기를 넣고 200~500평 단위로 분할해서 팔자는 의견으로 정리가 되었습니다.

대한민국 신성장 경제신도시

평택시안중출장소

수신 장█ 귀하
(경유)
제목 건축신고(신축) 처리 알림[장█]

1. 귀하께서 우리시 포승읍 신영리 산█ 번지 상에 건축신고(신축) 하신 건에 대하여 건축법 제14조 규정에 의거 건축신고 처리함을 알려드리오니 건축공사 시 알아두셔야 할 사항 및 아래의 허가조건을 준수하시고, 관련부담금 납부 후 허가서를 교부받으시기 바라며, 같은법 제14조제3항 규정에 의거 <u>신고일로부터 1년 이내에 공사를 착수하지 아니하면 그 신고의 효력은 없어짐</u>을 유념하시어 1년 이내에 착공신고가 될 수 있도록 하여주시기 바랍니다

2. 관련실과에서는 업무에 참고하시기 바랍니다.

건축주	위 치 (용도지역)	건축허가 내용				비고
		용도	연면적 (㎡)	대지면적 (㎡)	동수/층수	
장원석	포승읍 신영리 산█ (계획관리지역)	제1종근린생활시설 (소매점)	69.19	546	1동/1층	
공과금	-(건축) 면허세 9,000원 -(개발) 면허세 27,000원, 이행복구예치금76,000,000원: 허가일로부터2년(☎031-8024-8441) -(산림) 면허세 9,000원, 대체산림조성비116,736,520원, 산지복구예치금12,671,680원					

붙임 건축공사 시 알아두어야 할 사항 각1부. 끝.

신영리의 건축신고(신축) 처리 알림

위와 같이 건축허가가 날 수 있도록 분할을 했습니다. 원가가 130만 원+30만원(비용) = 160만원인 땅을 200만원에 분양을 하면 평당 40만 원이 남습니다. 이 중 33%를 양도차익에 대한 세금으로 낸다고 해도 268,000원×5230평 = 14억 정도가 수익이 납니다.

물론 여러 가지 변수는 존재합니다. 분양이 빨리 진행되지 않아서 대출받은 잔금에 대한 이자가 발생하면 수익은 줄어듭니다. 또 평당 200만원이 비싸다고 해서 가격을 내려주면 수익이 줄어듭니다. 분양하는 입장에서 보면 리스크(위험)가 상존합니다.

주변이 개발예정지로 묶여서 수용이 된다면 보상 가격이 낮아서 손실이 발생할 수도 있습니다. 이런저런 위험들을 감수하면서 인내심을

가지고 분양을 진행하는 것은 어려움이 따릅니다. 계획관리지역 임야에서 건축을 하고 대지로 지목을 변경하면 상당한 수익이 생깁니다. 하지만 그에 맞는 도로와 배수로, 상수도, 전기시설을 갖추고 있어야 합니다. 물론 주변에 고압선, 축사, 묘지 등 혐오위험시설이 없고, 주택이나 상가를 짓기에 좋은 환경을 갖추고 있어야 합니다.

평택의 안중역세권 부근의 땅을 1년 전에 구입해서 2~3배를 받고 판 사례들은 많이 있습니다. 개발지 주변의 땅은 늘 그런 기회가 찾아옵니다. 기회를 기회라고 설명해도 대부분의 투자자들은 믿지 않습니다.

물론 투자자들은 신중하게 정보를 알아보고 투자해야 합니다. 자신의 돈을 투자해서 땅을 사려는 사람들은 최소 몇 군데의 부동산을 통해서 시세를 알아 보아야 합니다. 터무니없이 비싼 가격에 산 땅은 몇 년이 지나도 투자한 금액을 회복하기 어렵습니다.

실제 현장에서는 이런 일들이 많아서 일일이 열거하기도 어렵습니다. 제 지인도 9년 전에 신영리 2차선 도로변에 접한 땅 102평을 60만 원에 샀습니다. 이 땅의 시세는 8년 동안 오르지 않다가 최근 1년 사이에 200만원으로 올랐습니다. 이 사람이 8년이나 보유하다가 1년 전에 오르지 않는다고 팔아 버렸다면 얼마나 억울했을까요? 투자는 타이밍입니다. 그렇다고 해도 현실에서는 그 타이밍을 찾기가 쉽지 않습니다. 누구나 인터넷만 조회해도 알 수 있는 정보는 정보가 아닙니다. 하지만 꾸준히 정보를 수집하다 보면 기회는 옵니다.

우리가 주변에서 매일 보는 모든 개발의 행위들은 땅의 가치를 높이는 일입니다. 택지개발지구로 지정되고 대단위 아파트 단지를 만들고 분양을 하는 행위도 마찬가집니다. 그 땅을 땅 그대로 팔았다면 평당 수천 만원, 수억 원의 부가가치를 올릴 수 있을까요? 명동이나 강남의 제일 비싼 땅은 왜 평당 수억 원을 호가할까요? 그들에게 도덕적으로 아님 폭리를 취한다고 뭐라고 할 수 있을까요?

모든 행위들은 부가가치를 올리기 위한 일입니다. 예를 들어 땅도 가지고 있지 않고 직원도 상대적으로 많이 없는 페이스북이나 카카오, 아마존 등이 전통의 제조업체보다 더 주식이 비싼 이유가 무엇일까요? 그건 사람들이 필요로 하는 무형의 가치를 제공해주기 때문입니다.

땅도 마찬가지입니다. 유·무형의 가치를 만들어 내는 사람이 부자가 됩니다. 그런 아이디어가 없으면 부자의 길은 험합니다. 이제 기획부동산도 진화합니다. 교묘히 포장합니다. 우리는 기획이 아닙니다. 땅으로 부자가 되려는 투자자들은 이런 여러 가지 함정이 있다는 사실을 알아야 합니다.

현장에는 수많은 작업자들이 있습니다. 그들은 언제라도 땅으로 가치를 올릴 생각을 가지고 있습니다. 땅에 창고, 공장, 전원주택, 상가를 지어서 소리, 소문 없이 돈을 벌고 있습니다. 그들의 눈에는 개발을 해서 부가가치를 올리는 방법만이 존재합니다. 정당함과 사기의 차이는 무엇일까요?

컨설팅매매를 하는 이들은 전국을 사업장 삼아서 먹이를 찾으러 다닙니다. 그곳이 어디라도 상관이 없습니다. 가능성만 있으면 어디라도 가능합니다. 세상은 넓고 땅은 많습니다. 돈이 되는 곳이라면 가릴 필요가 없습니다. 어디가 좋은 곳은 없습니다. 단지 내게 돈을 만들어 주는 곳이 좋은 곳입니다. 투자자는 세상에 민감해야 합니다. 현재 벌어지고 있는 경제적인 변화와 부동산의 정책, 도로의 신설, 산업단지 건설이 되고 있는 곳에 늘 기회가 있습니다.

용인, 이천, 화성, 평택, 천안, 아산, 청주, 오송, 세종, 대전, 공주 이런 지역에 개발 재료들이 많습니다. 지금은 반도체의 공장이 있는 평택, 청주가 좋습니다. 경기가 좋은 곳에 일자리가 넘치고 직원들은 소비를 합니다. 투자자들도 이런 지역의 땅을 삽니다. 이런 곳에서 음식점을 해도 되고 부동산을 차려도 됩니다.

은퇴를 앞둔 분이라면 2~3년은 땅에 대한 공부를 해보세요. 죽을 때까지 은퇴가 없는 일을 구할 수 있습니다. 부동산 중에서 땅에 관심이 있는 분이라면 공부를 겸해서 투자를 해보세요. 기회는 여기에 있습니다. 군이 하루 종일 매여서 자유시간도 없는 일을 하는 어리석은 짓을 하지 마세요. 치킨집, 편의점, 커피전문점, 음식점에 매달리지 마세요. 그런 일들은 하루 종일 매달려야 겨우 먹고 살뿐입니다. 잘못하면 바닥으로 추락합니다. 땅에 대한 공부와 투자는 그런 일이 아닙니다.

주변에 자유롭게 여유롭게 돈을 버는 분들을 많이 만납니다. 중개사 사무실에서 건축사무실에서 컨설팅 사무실에서 먹잇감을 포착하러 다니는 사람들입니다. 그들은 이미 많은 공부가 되어서 실수하지 않습니다. 오히려 한곳에 머무르는 부동산중개사보다 더 해박하고 시장이 돌아가는 사정을 빨리 읽습니다. 그들의 감각은 하루아침에 생기지 않습니다. 시장이 자연스럽게 키워줍니다.

연일 고강도의 부동산 대책들을 쏟아냅니다. 주택시장은 싸늘하게 식어갑니다. 기회는 분명 있습니다. 고수들은 정책의 틈새를 파고듭니다. 현장에서 제대로 하는 부동산중개사들을 만납니다. 그들의 감각을 따라가기는 어렵습니다. 정보는 그들이 쥐고 있습니다. 일반 투자자들은 모르는 비밀을 그들은 가지고 있습니다. 결국 정보의 싸움에서 이기는 쪽은 그들입니다. 모르는 이들은 처음에 이들과 협력을 잘해야 합니다. 초보자가 실수를 하지 않고 이 정글에서 이기는 길은 전문가와 협업을 하는 일입니다. 너무 욕심을 부리면 그들은 비밀을 알려주지 않습니다.

그들은 좀 더 재력 있고 협조적인 이들에게 기회를 줍니다. 과거에 필자는 그들에게 상당히 부정적이었습니다. 그들을 어리바리한 고객의 등이나 치는 사람들로 치부를 했습니다. 하지만 그들도 사람입니다. 잘해주는 사람에게는 좋은 정보를 주고, 적대적인 이들에게는 적대적으로 대합니다. 그들도 우리들의 고객입니다.

부정적인 사람들은 언제나 부정적입니다. 좋은 책을 읽어도 '그래 너 잘났다' 하면서 비난합니다. 좋은 정보를 주면 '그렇게 좋은 정보면 너나 잘해봐' 이런 비아냥만 쏟아냅니다. 행운도 그들은 비켜갑니다.

물론 맹신은 금물이지만 매사 부정적인 태도는 부자의 길에서 장애물입니다. 태도를 바꾸는 순간 기회는 옵니다. 분명한 것은 공부가 되면 기회는 온다는 사실입니다.

💰 부자가 되는 방법 ❾

TV 프로 중에 '영재발굴단'이라는 프로를 보셨나요? 그 비결은 대부분은 연습과 노력, 끈기입니다. 그 방법을 오히려 어른들이 알아야 합니다. 뭔가를 제대로 하기 위해서는 오랜 시간 연습을 해야 합니다. 그들은 수없이 어려움을 겪고 뛰어넘었습니다. 그럼 나는 무슨 노력을 하고 있는가요?

토지보상금 제대로 받기

토지보상금이란?

사업 시행자가 알려준 보상금의 내용을 알고, 소유한 토지의 가치를 알면 보상금액을 더 받을 수 있습니다. 물론 토지 소유자나 건물 소유자에게 보상되는 사업지에서 영업을 하고 있거나, 공장을 운영하고 농사를 짓는 분들이 단순히 보상액을 더 받기 위해 보상금을 이해해서는 안 됩니다. 이 사업을 이해하고 주어진 권리를 행사하여 놓치는 부분이 없도록 하는데 그 목적이 있습니다.

토지보상평가지침 제1조는 「공익사업을 위한 토지 등의 취득 및 보상에 관한 법률」과 같이 시행령 및 시행규칙 기타 다른 법령의 규정에 의하여 공익사업을 목적으로 취득·수용 또는 사용하는 토지에 대한 손실보상을 위한 평가에 관한 세부적인 기준과 절차 등을 정함으로써 평가의 적정성과 공정성 확보를 위한 것입니다.

손실보상 공익목적을 달성하기 위한 적법한 행정행위를 해서 일어나는 개인 재산의 특별한 희생을 보존하기 위하여 행정 주체가 지급하는 비용을 말합니다.

공익사업 지방자치단체 및 그로부터 지정 받은 자가 '공익사업을 위한 토지 등의 취득 및 보상에 관한 법률'(이하 토지 보상법)에 따라 감정평가한 금액으로 토지 소유자별로 보상하고 취득하거나, 재결 절차에 의하여 토지 등을 수용하고 소유권을 강제 취득하는 사업입니다.

제4조 [객관적 기준평가] 토지에 관한 평가는 가격시점에 있어서의 일반적인 이용방법에 의한 객관적 상황을 기준으로 평가하여야 하며, 토지 소유자가 갖는 주관적 가치나 특별한 용도에 사용할 것을 전제로 한 것은 이를 고려하지 아니합니다.

제5조 [현황기준평가] 토지에 관한 평가는 가격시점에 있어서의 현실적인 이용상황을 기준으로 한다. 다만, 가격시점에 있어서의 이용상황이 법시행38조에서 규정한 일시적인 이용상황으로 인정되는 경우와 법시행규칙 제24조 및 제25조의 규정에 의한 평가의 경우에는 그러하지 아니합니다. (*여기서 법은 '공익사업을 위한 토지 등의 취득 및

보상에 관한 법률'을 말합니다.)

필자에게 상담 받은 고객 중에도 보상금에 대한 자세한 내용을 몰라서 상담을 하러 오는 고객들이 있습니다. 단지 그들은 보상금이 많고 적음만 다투고 있습니다. 평택의 현덕지구가 보상절차가 개시되면서 상담을 합니다. 일부는 보상받고 일부는 사업구역 내의 토지로 대토를 할 예정인데, 투자할 금액이 너무 커서 공동투자를 하고 싶어했습니다.

'과연 이런 토지에 투자를 하면 사업성이 있을까?'

궁금한 점은 이런 것입니다. 그 성공은 취득하려는 사업이 어떤 사업이며 향후 어떤 행위가 가능한지 파악해야 합니다. 상가를 짓는다면 상권이 활성화되는지 고민해야 하며 주거지역이라면 임대나 매매가 잘 될지 고민해야 합니다. 하지만 현장에서는 묻지마 투자가 성행합니다. 깊이 있는 분석을 거치고 전문가의 조언을 거쳐야 투자 판단이 가능합니다.

재개발사업과 토지보상의 차이

재개발사업도 공익사업의 한 종류이지만 그 평가결과는 다른 이름으로 나타납니다. 공익사업의 평가금액이 보상금이라면, 재개발사업은 권리가액입니다. 사업지역의 토지부가 공익사업이라면 대상자를 이주대책 대상자로, 재개발이라면 조합원이라고 부릅니다.

재개발구역에서는 각 조합원이 구역 내 소유하고 있는 토지 및 건축물을 감정평가 업체에서 감정평가한 금액에 비례율을 곱하여 권리가액을 산출합니다. 산출된 권리가액이 큰 순서로 아파트를 배정하기에 권리가액이 크면 클수록 대형평형을 배정받을 수 있습니다. 그리고 배정받은 평형의 조합원분양가에서 권리가액을 뺀 나머지 금액을 추가부담금으로 납부하는데 남는 금액이 있으면 지급받습니다. 재개발지역에서 투자 시에는 비례율이 높은 곳, 권리가액이 높은 곳으로 투자하여야 합니다.

보상지역의 많은 사람들은 감정평가에 대한 정보가 적어 매매 가격이나 개별공시지가를 대비해 자신의 보상가격을 유추하는 경우가 많은데, 토지 보상은 옆집 가격과 비교하거나 개별공시지가로 보상하지 않습니다. 공익사업지역의 토지 보상은 대상 토지의 최유효 이용, 사용되는 가치와 용도 등을 표준지와 비교하여 보상금을 산정하게 됩니다. 때문에 옆집 보상금과 단순히 비교만으로 보상금 수령 여부를 결정하지 말아야 합니다.

토지 소유주가 보상금 증액을 위해서 해야 할 일

보상통지서에는 토지 지번 소유명과 보상금액만이 명시되어 있고, 어떻게 평가금액을 산정하였는지 세부 내용은 기재되어 있지 않습니다. 보상 대상자로서 세부적인 내용을 알고자 할 때에는 사업시행자에게 정보공개 청구 또는 등사 신청을 통하여 그 세부내역서를 입수하면 됩니다.

1 개발정보 구하기

해당 공익사업의 모든 정보를 구합니다.

2 소유 부동산의 가치 및 가격자료 구비

매매계약서, 감정평가서, 공시지가, 거래사례, 토목공사비용,

인테리어 비용, 공사계약서, 토지와 지장물 사진

3 감정평가 복사하기

열람, 등사 신청으로 확보

4 감정평가서 적극 대응하기

재결평가하러 나오는 경우 소상히 이해를 시킵니다.

5 조족재결 청구하기(경우에 따라)

청구일로부터 60일 이내

7 도움 받기

처음부터 변호사나 주변 전문가의 도움을 받습니다.

수용재결신청서 열람공고

　재평가는 보상 이후 행정구제절차인 재결에 의해서만 이루어지므로, 예상보다 적은 금액을 보상받았다면 착실히 재평가를 받을 수 있도록 준비해야 합니다. 정당한 재평가가 되었는지 확인하려면 평가받은 토지의 평가서 사본을 정보공개 청구를 하거나, 등사 신청을 하여 분석하면 됩니다.

　토지보상법령에서는 공익사업을 위한 토지 등의 취득 또는 사용으로 인하여 토지 등의 소유자가 입을 피해를 사업시행자가 보상해야 한다고 규정하여 보상 주체는 사업시행자임을 명시하고 있습니다.

토지보상 보상할 대상 토지와 용도지역, 지목 등이 유사한 표준지 가격을 기준으로 위치, 환경, 이용 상황 등 가격 형성에 미치는 여러 요인을 비교하여 표준지보다 좋은 경우에는 가산하고 불리한 경우에는 감산하는 방법으로 평가하여 보상합니다. 공익사업으로 인하여 상승된 지가는 감정평가에 반영되지 않습니다. 토지 평가원칙은 다음과 같습니다.

①현황이용평가 ②나지 상정평가 ③객관적 기준평가 ④개발이익 배제평가

영업보상 일반적으로 휴업기간은 3개월 이내로 하여, 당해 공익사업을 위한 영업의 금지 또는 제한으로 인하여 3개월 이상의 기간 동안 영업을 할 수 없는 경우, 영업시설 규모가 크거나 이전에 고도의 정밀성을 요구하는 등 당해 영업의 고유한 특수성으로 인하여 3개월 이내에 다른 장소로 이전하는 것이 어렵다고 사업시행자가 객관적으로 인정하는 경우에는 실제 휴업기간으로 휴업보상을 최대 2년까지 받을 수 있습니다.

토지감정평가서 세부내역을 입수하여 이때부터는 정확한 평가가 이루어졌는지를 검토해야 합니다. 감정평가는 특수한 분야이며 개인이 이를 확인하기란 쉬운 일은 아니지만 다음과 같이 차근차근 확인하여 준비하도록 합니다.

사업시행자는 재결신청청구를 받은 날로부터 60일 이내에 관할 토지 수용위원회에 재결신청을 해야 하며, 60일을 경과하여 재결신청을 한 경우에는 소송촉진 등에 관한 특례법에 의한 소정의 법정이자를 보상금에 가산하여 지급해야 합니다. 이 경우 지체가산금은 토지수용 위원회가 재결서에 기재합니다. 의견서는 단순히 '억울합니다'는 식보다 합리적이고 논리적이며 법률적인 설득력을 갖추어 제출하는 것이 좋습니다.

평택의 화양택지 개발지구 내의 땅을 매입한 지인이 있습니다. 최근에 환지방식으로 보상을 받기로 했는데, 환지방식은 토지가 수용된 토지주에게 보상금을 지급하는 대신 개발구역 내 조성된 땅(환지)으로 대신 보상하는 방식입니다. 통상 시행자는 공사 완료 후 환지계획에 따라 종전의 토지를 대신해 새로운 환지를 교부하고, 부족하거나 많은 부분은 금전으로 차액을 청산합니다.

보통 주거지는 50~60%, 상업지는 70~80%의 감보율을 적용해서 환지를 해줍니다. 지인은 감보율 65%를 적용받는다고 합니다. 100평이라면 35평을 받는다는 이야기입니다. 환지받을 땅은 현재 3배가 올랐다고 합니다. 이를 환지방식의 토지보상제라 합니다. 환지방식의 토지보상제 투자에서 중요한 것은 매입시점과 위치입니다.

보상금 양도소득세, 취득가액보다 보상금액이 많은 경우에는 보상차액이 발생하게 되는데 이때 발생한 보상차액분도 유상양도에 해당하므로 양도소득세 과세대상에 해당합니다. 다만 본인의 의사와 무관

하게 양도하는 것이므로 일정비율에 대하여 감면혜택을 주고 있으며 그 감면세액의 20%를 농어촌특별세로 부담하는 것이 원칙입니다.

공익사업을 시행함으로 받는 손실보상금은 현금, 채권, 토지로 나뉘어지며, 이 중 보상금을 유예하고 토지로 대신하여 받는 것을 대토라고 합니다.

대체취득 공익사업의 시행으로 수령한 보상금으로 공익사업지구 밖 이전하고자 하는 지역에 취득하는 토지를 말합니다.

보상지역에 땅이 있는 분들은 보상금액이 낮다고 서둘러 팔아서는 안됩니다. 보상금액이 책정되어도 주민들의 반대로 보상금액이 올라갈 수 있고, 중간에 공시지가가 오르거나 감정평가 금액이 변할 가능성도 존재합니다. 이왕 가지고 있다면 최대한 따져보고 확인해보고 전문가의 컨설팅을 받아 보아야 합니다. 다른 사람들은 이런 땅을 한 번도 가져보지 못합니다. 섣부른 판단으로 다른 사람 좋은 일을 시켜서야 되겠습니까?

도시지역의 투자로 택지개발지구의 토지를 매매하는 시장이 있습니다. 토지 보상이 시작되는 몇 개월 전에 들어가서 보상이 이뤄지는 시점에 팔고 나오는 전략입니다. 택지지구 투자는 지금까지 상상했던 수익률 이상을 거둘 수 있고, 이런 방법을 파악하면 땅 투자에 있어서 차별화된 방법을 알게 됩니다.

필자의 부모님도 생각지도 못했던 토지보상금을 받은 적이 있습니다. 40년 전에 필자의 할머니 명의로 된 땅에서 누군가가 밤농사를 짓고 있었습니다. 필자의 부모님은 몰랐습니다. 어느 날 우편물이 날아와서 토지 보상을 받으라고 한 것입니다. 보상금액은 300만원으로 크지 않았고 서로 아는 사이라 큰 이견이 없이 넘어갔습니다. 예를 들어 보상금이 큰 경우에는 법적인 다툼이 생길 수 있습니다. 혹시 이런 일이 있을 수 있다면 미리 확인해서 조치하시길 바랍니다. 시골에는 이런 일들이 종종 있습니다.

*참고: 〈토지보상금 제대로 받기〉 정진용 저

 부자가 되는 방법 ❿

얼마가 있어야 부자라고 생각하나요? 10억, 30억, 100억, 1000억? 어느 통계에서는 30억이라고 했다고 합니다. 또 돈에 대한 걱정이나 생각이 없다면 부자라고 합니다. 무엇이든 좋습니다. 누구든 살면서 그런 걱정에서 벗어나고 싶습니다. 경제적 자유는 시간에 대한 자유입니다.

3장
[땅 사기]

기획 부동산을
알면 사기
당하지 않는다

일상에서 흔히 당하기 쉬운 투자

남해버스터미널에서의 투자 실패

강남자동차매매시장 C매매상사 회장의 사무실에는 사진 하나가 걸려 있습니다. 과거 정부의 대통령과 찍은 사진입니다. 이 사진 속의 이 회장은 목에 힘을 잔뜩 주고 보란 듯이 서 있습니다.

"내가 말이야, 대통령하고도 사진 찍은 사람이야."

그 사무실에 들어서는 순간 대부분의 사람들은 사진에 압도당합니다.

이 회장을 만난 것은 2004년 1월초 중고차 딜러를 하겠다고 강남자동차 매매시장을 갔을 때입니다. C매매상사의 이 회장은 돈을 많이 벌었다고 소문이 났습니다. 오금동의 빌딩을 비롯해서 뚝섬역, 중계동 등 곳곳에 건물을 보유하고 있었습니다. 그의 형은 경매로 이 모든 부를 일으킨 업계의 전설입니다. 한때 강남 법원의 경매계 공무원으로 근무를 했다고 알려져 있습니다. 물론 다 믿을 수 없지만 알려진 내용은 그랬습니다.

중고차를 하면서 어느 정도 돈을 벌었지만 저축을 하거나 투자할 여력은 없었습니다. 그때 매매상사의 투자자들과 현장 답사를 갔습니다. 남해에 답사를 가서 본 건물(남해버스터미널)은 상태도 좋았고 가치가 있어 보였습니다. 같이 간 투자자들은 모두들 꿈에 부풀었습니다. 팔아서 건물을 사자, 아파트를 사자, 상가를 사자, 모두들 한마디씩 거들었습니다.

남해에 답사를 마치고 돌아오면서 하동의 고향집에 들렀습니다. 마을 사람들과 돼지를 잡아서 잔치를 했습니다. 물론 회장이 돈을 냈습니다. 다들 잘 먹고 구경 잘하고 오니 더 투자를 했습니다.

시간이 흘러 주주총회도 하고 투자 설명회도 했습니다. 그런 차에 매매상사 회장의 권유와 사장인 매제의 권유로 500만원을 투자했습니다. 시간이 흘러 잘되고 있다고 소문이 났습니다. 2차 투자 모집을 한다고 해서 추가로 3000만원을 넣었습니다.

이후 건물 매매에 대해서 주주들의 의견을 물었습니다. 모두들 팔아서 투자금 회수를 원했습니다. 그것은 착각이었습니다. 나중에 알게 된 사실이지만 지방의 부동산은 덩어리가 크면 작업하기가 어려워집니다. 지방의 물건은 텃세 때문에 팔기도 어렵습니다. 훼방꾼도 많고 '감놔라, 배 놔라' 여러 말들이 떠돕니다. 똥파리만 들끓어서 말을 꺼내기 무섭게 산다는 사람은 많은데 정작 돈을 지불하는 사람은 없습니다.

부동산에 대한 깊이 있는 지식도 없고 공부도 되어 있지 않고, 경험이 없었습니다. 현장에서는 아무리 내 물건이라도 마음대로 하기가 어렵습니다. 이런 건물들은 사는 사람이 갑입니다. 중간에서 브로커들이 농간을 부리다 보니 매매에 대한 의지를 꺾어 버리기 일수였습니다.

100억을 주겠다, 80억을 주겠다는 뜬소문만 돌다가 귀중한 시간만 흘렀습니다. 공동투자한 버스터미널 운영자금이 쪼들렸습니다. 투자자들은 팔아달라고 재촉을 했습니다. 회장은 어느 날 남해버스터미널을 담보로 30억을 대출을 받았습니다.

총 40억대의 건물을 투자금 17억과 대출 30억으로 매입한 것이었는데, 문제는 이 대출금입니다(이 건물은 이 회장의 형으로부터 공매 직전에 넘어온 것입니다. 예를 들어 35억짜리 건물을 47억에 매매하는 것처럼 계약서를 서로 짜고 작성했다면 12억은 이미 챙긴 것입니다. 47억 매매계약서를 근거로 대출을 30억을 받은 것이죠. 30억 중 건물대금을 지불했더라도 10억 정도는 사라졌습니다. 이 건물은 주식회사 명의로 되어 있고, 최측근을 대표로 세워서 남해버스터미널 건물을 담보로 대출을 받은 것입니다. 그 대표는 신용불량자가 되었습니다).

이후 대출한 돈 중 10억 정도는 출처를 정확히 밝히지도 않고 어떻게 사용이 되는지도 몰랐습니다. 10억이 왔다 갔다 하는데 누구도 사용처와 영수증을 확인하지도 않았습니다. 믿었던 회장으로부터 한마디로 당했는데 몇 년이 흐른 뒤에 알게 되었지만 그때는 늦었습니다. 나중에 알게 된 사실이지만 이 회장은 그 돈으로 강남 세곡동의 땅 1800평을 샀다고 합니다. 그것도 타인의 명의로 말입니다. 이 땅의 가치로 볼 때 수십 억대가 넘는다고 합니다. 늘 이 회장은 둘러대기 바빴습니다.

이후에도 이 회장은 경매로 넘어간 남해터미널에 투자자를 회유해서 재투자 후 낙찰을 받았습니다. 그 건물을 운영해봤으니 돈이 되는 상가만 낙찰을 받아서 임대를 주었습니다. 그런데 얼마 전에 재투자한 지인들을 만났는데 지난번처럼 같은 수법으로 수익을 나누기는커녕, 원금을 돌려주는 일도 계속해서 미룬다고 했습니다. 저는 한번 당하지 두 번 당하지 않는다는 각오로 유혹을 뿌리치고 투자를 하지 않아서 추가 피해는 당하지 않았습니다.

G경매교육센터 김 회장의 철면피 사례

당시는 중고차 딜러 일을 하면서 경매 공부를 하고 경매에서 낙찰받기 위해 전국을 돌아다니던 때였습니다. 김 회장이 쓴 책을 읽고 찾아가서 경매교육센터에 등록했던 것으로 기억합니다. G경매교육센터는 강남의 논현동에 있었습니다. 단독 빌딩의 간판은 그 빌딩의 주인처럼 크게 자리잡고 있었습니다. 3층까지 사용하고 있었는데 건물 한 층이 100평은 넘어 보였습니다. 지금 와서 생각해 보니 대부분의 부동산을 하는 회사들은 사무실이 크고 화려하고 고급스러웠습니다. 마치 돈이 많아 우리가 너희들을 속이지는 않는다는 것을 암시하는 듯했습니다.

G경매교육센터는 6개월 과정으로 일주일에 2번 오프라인 강의를 했

습니다. 주로 G경매교육센터 지점에서 근무하는 직원들이 강사가 되어 현장 경험을 이야기해 주었습니다. 그중에는 변호사도 있고, 세무사도 있었고, 은행의 지점장 출신도 있었습니다.

강의료는 일시불로 120만원 정도로 적지 않은 금액이었습니다. 강의 커리큘럼은 현장용으로 손색이 없었습니다. 필자도 그렇게 강의에 등록하여 열심히 공부했습니다. 그런데 시간이 흐르면서 약간 모양새가 이상한 쪽으로 흘러갔습니다.

김 회장이 강사를 겸해서 등장했습니다. 자신의 무용담이 대부분을 차지했습니다. 남들이 해결하기 어려운 리조트나 쇼핑몰, 대형 건물들을 낙찰받아 명도를 했고, 때로는 조폭들을 동원해서 어려운 일들은 직접 해결했다고 합니다. 때로는 교육이고, 때로는 무용담에 뒤에 숨어 있는 협박이었습니다.

전국의 물건을 뽑아서 임장을 다녔습니다. 김 회장은 임장에서 본격적인 이빨을 드러내기 시작했습니다. 점점 노골적으로 투자 유치를 권유했습니다. 충주에 있는 어떤 리조트라고 했습니다. 총 금액은 200억 정도되는데 50억 정도에 낙찰받아 대출을 뽑고 운영을 해서 수익을 낼 계획이라고 했습니다. 회원들은 1000만원~1억까지 투자하였습니다.

임장이 끝나면 삼겹살에 회식을 시켜주었습니다. 임장을 다니느라 허기진 속을 채우고 나면 결국에 공동투자물건의 소개로 이어졌습니다. 그런 동안에 먼저 투자한 충주의 리조트는 잘된다고 포장을 했습니다. 문제는 아무도 그 투자가 어떻게 되어가는지 알아볼 수 없었습니다. 조금만 반기를 들면 이상한 논리로 입막음을 시켜버렸습니다.

이후 부산의 부도난 쇼핑몰 전체 중 절반을 낙찰받자고 했습니다. 다시 살려서 운영하는 방법을 연구했다고 하면서 회원들의 투자를 유치했습니다. 그때부터 하나둘 의심을 하기 시작했습니다. 먼저 투자한 돈을 회수해주지 않은 상태였습니다. 또 운영을 해서 수익이 나면 배당을 해주겠다는 약속마저 지키지 않았습니다.

그렇게 투자자들의 원성이 높아지고 투자자금 회수에 대해서 의문을 제시하면서 김 회장은 코너에 몰리게 되었습니다. 결국은 회원들과 면담을 하고 추가 대책으로 주식을 투자해서 투자 손실을 만회시켜주겠다고 했습니다. 그 후의 이야기는 투자한 회원에게 더 큰 손실을 입히고, 김 회장이 어떻게 되었는지 필자도 관심을 끊었습니다.

지금도 지나가면 종로에 국일관이란 오피스텔 겸 상업용 쇼핑몰이 있는데, 이 건물을 낙찰받아서 외국계기업에 넘기자고 말을 했고 전체의 30% 이상을 낙찰받았다고 했습니다. 그런데 건물과 토지가 명의자가 달라서 토지를 다시 받아야 온전히 자신의 건물이 된다고 토지를 다시 받자고 하기도 했습니다. 전형적인 물귀신 작전이었습니다. 한 번 발목이 잡히면 끊임없이 빨려 들어가는 그런 일입니다.

대부분의 투자자들은 교육과정에서 많은 문제가 생깁니다. 교육은 철저히 갑과 을의 관계입니다. 나쁜 일을 벌여도 교육생들은 강사나 교수를 믿을 수밖에 없습니다. 교육을 하는 입장은 교육생을 조종하기 쉽기 때문입니다. 그렇게 당하고도 회원들은 별로 의심을 하지 않았습니다. 해결해준다는 말만 믿고 기다렸습니다.

진짜와 가짜를 구별하는 능력이 투자자를 부자로 만들어 줍니다. 땅에 대한 아무런 지식도 없이 그 거친 세상에 뛰어드는 행동은 섶을 지고 불길 속으로 뛰어드는 행위입니다. 엄청난 수업료를 치르지 않고 특별한 경험이 없어도 할 수 있는 좀 더 안전한 투자처를 찾아서 움직여야 내 돈을 지키면서 투자 수익을 얻을 수 있습니다.

우리나라 경매 사기 양대산맥이라 할 수 있는 김 회장과 이 회장을 동시에 만났고, 또 한곳은 깊숙이 투자를 하기도 했습니다. G경매교육센터의 많은 교육생은 그렇게 적게는 몇 백에서 많게는 수십 억의 피해를 입었습니다. 그들의 잘못이 있다면 몰라서 당한 일입니다.

부동산 투자는 자신이 감당할 정도로만 하고, 빚을 내더라도 갚을 수준이어야 합니다. 다른 사람들의 이야기는 참고만 해야 합니다. 내가 알기 위해서 경험이 중요하고 소중합니다. 비록 돈을 잃었지만 소중한 자산을 얻었습니다. 분명한 선과 자신만의 확고한 고집이 있어야 합니다. 우리는 전문가를 너무 쉽게 믿습니다. 대부분은 거짓 전문가입니다. 말과 글은 부풀려지기 쉽고, 거짓되고 가장된 정보는 우리를 현혹합니다.

한 번 사기꾼은 두 번 세 번 계속해서 같은 방식으로 사기를 칩니다. 결국은 가진 재산을 모두 털어먹고 생활하기도 곤란한 처지가 되어서야 깨닫습니다. 부동산은 여러 가지 생각해야 할 일들이 많습니다. 여러 경우들을 살피고 이해하지 않으면 언젠가는 당합니다. 세상에는 부동산으로 사기를 치는 사람들이 많습니다 대부분의 사람들은 사기를 당하면서도 사기라는 생각을 못합니다. 필자가 남해버스터미널 투자에서 그랬습니다. 나중에 팔 때 비로소 알게 됩니다.

이곳은 자본주의의 최전방 부동산 시장입니다. 뒤통수를 치고 거짓말과 사기가 난무하는 곳입니다. 이곳에서 자신의 양심에 따라 일하기는 힘듭니다. 그렇지만 저는 고객에게 좋은 땅을 소개해 준다는 신념을 가지고 일하고 있습니다.

두 번의 사기는 많은 숙제를 남겨주었습니다. 지인의 사기와 배신, 많은 돈을 잃고 빚을 졌습니다. 지방 물건의 어려움을 알았고, 공동투자의 아픔도 겪었습니다. 부동산 투자는 쉬운 일이 아닙니다. 사람들은 부동산에 묻어두기만 하면 돈이 되는 줄 압니다. 투자자는 풍부한 경험과 지식으로 무장하고 뚝심과 인내로 기다려야 합니다.

💰 부자가 되는 방법 ⑪

늘 미루는 습관이 있나요? 그럼 마감시간을 정해놓고 해보세요. 저도 글을 쓸 때 마감시간을 정해놓고 시작합니다. 그러면 훨씬 더 집중적으로 미루지 않고 일을 처리하게 됩니다. 때로는 습관이 자신의 앞을 가로막고 있습니다.

기획부동산 직원도
기획부동산 땅을 사지 않는다

기획부동산의 일상

한때 기획부동산에서 일을 했습니다. 기획부동산은 보통 9시 30분까지 출근합니다. 기획부동산 직원은 대부분 50~60대 아주머니들로 월 130만원 정도의 급여를 받습니다.

출근부터 퇴근까지 스케줄은 이렇습니다. 오전 2시간은 임원들의 교육을 받습니다. 교육의 내용은 땅을 팔아본 경험이나 수익을 올린 경험, 지역의 부동산 전망입니다. 그중에서 가장 되풀이되는 교육은 지금 팔고 있는 땅에 대한 브리핑입니다.

"도로가 새로 개설된다, 산업단지가 들어온다, 관광단지가 들어온다, 지하철 역사가 들어온다."

사실 알고 보면 터무니없는 거짓말도 많습니다. 하지만 반복해서 교육을 듣다 보면 본인도 모르게 세뇌가 됩니다. 흡사 종교 부흥회에서 설교를 듣는 것처럼 말입니다. 계속해서 듣다 보면 그 내용에 도취되어 주변 사람들에게 자연스럽게 소개까지 하는 지경에 이르게 됩니다. 기획부동산의 임원이라면 이런 일련의 과정을 본인이 겪어왔고, 오랜 시간 단련이 되어서 아무렇지 않게 받아들입니다. 한번 수렁에 빠지게 되면 다시는 나올 수 없는 늪에 빠진 것과 같습니다. 주변에서 아무리 아니라고 해도 들으려 하지 않고 그동안 들은 내용을 앵무새처럼 되풀이만 합니다.

임원들은 별도의 회의를 하면서 어떤 직원에게 고객이 있을 만하면 집중적으로 공략과 압력을 가합니다. 기획부동산 직원들은 월급을 받는 입장이라 이런 사실을 알면서도 쉽게 거부하지 못합니다. 이 속에서 벌어지는 일들은 일반 직장인들로서는 상상하기도 힘듭니다.

확실히 기획부동산에서 일을 하면 마케팅 능력은 좋아집니다. 필자역시 그랬습니다. 지인의 소개로 기획부동산에 들어가서 여러 가지 마케팅 기법들을 배운 게 많습니다. 일반적인 부동산에서 1년 동안에도 경험하지 못할 내용을 몇 개월 만에 다 배웠다고 생각합니다. 그 정도로 쉽지 않은 경험을 해야 했습니다. 기획부동산에서 돈을 번 사람들은 정상적인 방법으로 돈을 벌지 못합니다. 일반인이 상상하는 것 이상으로 수당을 받기 때문입니다. 일이 안 될 때는 월급으로 버티고 제대로한 건만 해도 웬만한 직장인의 몇 개월치의 월급이 나오는 일이라 쉽게 버리지 못합니다.

기획은 인간의 심리를 밑바닥까지 이용해서 골수까지 빼먹는 그런 일입니다. 이렇게까지 이야기해도 꼭 기획부동산에 속아서 땅을 사는 사람이 있습니다. 이미 땅을 산 분들이라면 주변 부동산에 확인해 보기 바랍니다. 어떤 기획도 아주 싼 가격에 땅을 넘기지는 않을 것입니다.

기획부동산의 속성

기획부동산의 업은 한마디로 별로 쓸만하지 않은 땅을 사서 쓸만한 땅으로 그럴 듯하게 포장해서 파는 것입니다. 이들에게 양심 따위는 없습니다. 이들의 수법에 걸리지 않는 길은 그들의 말을 듣지 않는 것입니다.

이들에게 좋은 땅은 개발지 근처에 있지만 별로 가치가 없는 땅입니다. 10~50만원에 사서 100~300만원에 팔아먹을 수 있는 땅입니다. 기획부동산은 늘 이런 땅을 찾아다닙니다. 기획부동산은 한 방에 5억, 10억을 계약하지는 못합니다. 기껏해야 5000만원~1억 정도의 계약입니다. 하지만 평당 300만원이라면 100평만 해도 3억입니다. 일반 투자자가 3억을 들고 기획부동산에 투자를 하는 사람은 없습니다. 돈을 가지고 있으면 받는 정보도 많습니다. 이런 투자자는 대부분 현장에서 스스로 움직입니다.

기획은 철저히 직원들의 친분을 활용합니다. 직원들의 지인이 아니라면 거의 팔지 못합니다. 요즘 대부분의 투자자들은 인터넷을 살펴보고 시세를 조회하고 오기 때문입니다. 완전히 믿고 오는 지인들이 아니라면 믿고 맡기지 않습니다. 그래서 직원들의 지인들에게 다 팔고 더 이상 쓸모가 없어지면 온갖 압력을 주면서 퇴사하게 만듭니다. 근로계약서를 쓰지도 않습니다. 직원은 직원대로 회사는 회사대로 서로의 믿음보다는 이용을 목적으로 조직되어 있습니다.

정확한 통계는 없어도 선릉역, 역삼역, 삼성역 주변으로 기획부동산 400~500개, 직원 수는 대략 5만명 정도라고 합니다. 이들은 고객을 끌어오기 때문에 한 지역을 타깃으로 땅을 사고팔면 그 지역의 땅 가격이 오르지 않을 수 없습니다.

한 지역에 몇 고객이 여러 부동산에 들르면 현지의 부동산이 피부로 느끼는 분위기는 상당히 강하게 전달됩니다. 이런 분위기로 인해서 현지에 매도하려고 내놓은 물건들이 다시 들어갑니다. 이에 따라 내놓은 매물은 경쟁이 높아지고 가격이 뛰게 됩니다. 부동산은 한정되어 있어서 공급이 계속해서 따라올 수 없습니다.

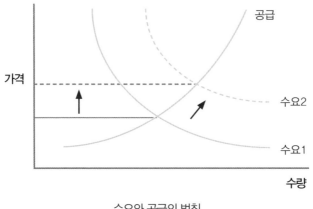

수요와 공급의 법칙

수요는 늘어나고 공급은 한정되면 그림에서처럼 가격은 올라갑니다. 초과수요로 인해서 가격이 뛰게 됩니다. 마찬가지로 공급이 줄어도 가격은 올라가게 됩니다. 과연 기획부동산 직원들은 3~4배 비싸게 파는 땅 가격을 모르고 팔까요? 알면서 팝니다. 단지 비싼 가격에 팔면서 스스로 합리화를 합니다.

"이 땅은 현지에서는 나오지 않는 위치의 땅입니다. 시간이 흐르면 가격이 충분히 올라갑니다. 이 땅은 2~3년 이내에 개발될 땅이므로 그 가치를 할 수 있습니다. 이 땅은 돈 주고 사기 어려운 땅입니다. 이 땅을 산 고객은 결국 저에게 고마워할 겁니다."

이렇게 계속해서 자기합리화의 모순에 빠집니다.

기획부동산의 브리핑도 참고할 필요는 있다

아이러니하게 자신은 현지 시세보다 3~4배 비싼 땅을 사지 않습니다. 고객에게는 그토록 좋다고 이야기하고 다니면서 왜 자신은 사지 않을까요? 그게 모순입니다. 그러면서 좀 아는 기획부동산 직원들은 현지 부동산에 연락해서 좋은 땅이 나오면 알려달라고 합니다.

그 지역이 좋다는 장점은 수없이 많은 자료와 브리핑을 통해서 귀에 못이 박히도록 들어서 알고 있습니다. 매일 잠재 고객과 통화를 하면서 장점을 부각시켜서 너무도 잘 압니다. 또 부동산에 관하여 매일 브리핑을 듣고 별도로 공부를 하다 보면 마음이 움직입니다. 기획부동산의 땅을 팔아 수당을 받은 돈으로 크게 쓸 일이 없는 사람들은 땅을 사둡니다. 그래서 그 땅이 개발지에 포함되면 소위 말해서 대박을 냅니다.

제 지인도 그런 식으로 투자해서 3배의 수익을 내고 있습니다. 그 땅이 환지되어 근린상가로 바뀌고 그곳에 상가를 지어서 월세를 받는 꿈에 부풀어 있습니다. 부동산 중에서 땅으로 돈을 벌어본 사람만이 땅에 재투자를 합니다. 땅은 거짓말을 하지 않습니다. 아니, 땅은 없어지지 않습니다.

돈이 돈을 벌어준다는 이야기는 일부는 맞고 일부는 틀립니다. 어찌 보면 기획부동산이 브리핑하는 지역을 눈여겨볼 필요가 있습니다. 아무도 관심이 없는 지역보다는 기획부동산이라도 매매하는 지역이 투자가치가 있습니다. 단 현지 부동산에서 싼 가격에 사야 합니다.

현지 1층 부동산들도 요즘은 원 소유주가 내놓은 가격 그대로 팔지는 않습니다. 인정 작업(원 소유주가 부동산에 평당 100만원을 받아서 세금 떼고 90만원만 입금해 달라고 합니다. 그러면 부동산에서는 평당 수입 5~10만원은 세금으로 고객이 내도록 돌려주고, 5만원을 수입으로 가져갑니다. 보통 중개수수료 포함입니다. 불법이지만 관행적으로 제법 있습니다.)은 보통이고, 직접 매수해서 명의이전을 하고 되파는 경우도 빈번하게 생깁니다. 시간과 자금이 충분하다면 현지에서 오래 생활하면서 시세를 파악하고 좋은 정보를 가지고 투자에 나서야 합니다. 이런 경험을 통해서 투자 전문가가 됩니다.

그렇게 3~4년만 하다 보면 땅으로 돈을 버는 길을 알게 됩니다. 기획부동산 직원들이 현장 1층 부동산과 거래하는 이유가 여기에 있습니다. 3~4배 비싸게 산다면 부자가 되는 길도 그만큼 멀어집니다.

기획부동산 직원에게 소유주 직거래로 땅을 구해달라고 하면 대부분은 소개하지 못합니다. 기획에서 일하다 보면 기획의 방식에 익숙해져 있어서 기동력이 떨어집니다. 일부는 현장에서 움직이는 사람이 있으니, 그들에게 부탁해도 됩니다. 그런 방식을 모른다면 결국은 기획부동산에 당하기 때문에 일단은 현장으로 움직이길 바랍니다.

기획부동산에서는 1차적으로 직원이 고객을 내사시키면 부장이 면담을 해서 정보를 파악하고 상무-전무-사장-회장순으로 보고됩니다. 현장에 가기 전에 청약금(계약금과는 다른 개념. 계약을 하지 않으면 돌려주는 돈)을 입금하게 합니다. 이 돈으로 고객의 발목을 붙잡아둡니다. 보통 상무나 전무가 담당자와 현장을 데려가는데 대접을 극진히 해줍니다. 고객의 마음을 빼앗기 위한 상황이나 퍼포먼스도 서슴지 않습니다.

고객을 현장답사까지 유도하기만 하면 90% 정도는 계약서를 쓰게 만들 수 있습니다. 기획부동산의 임원들은 이런 능력이 있기 때문에 능력 있는 직원들은 임원으로 발탁되어 일정한 월급과 성공보수를 받습니다.

기획의 임원치고 브리핑을 못하는 직원은 없습니다. 기획부동산에서 5~10년 잔뼈가 굵은 이들이 고객을 상대로 하여 마케팅을 하는 능력은 대단합니다. 그래서 일부 1층 부동산을 오픈하려고 준비하는 이들은 기획부동산에서 마케팅기법을 배우기도 합니다. 하지만 워낙 조직적으로 움직이기 때문에 개인의 마케팅 능력만으로 되지는 않습니다.

 부자가 되는 방법 ⑫

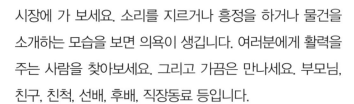

시장에 가 보세요. 소리를 지르거나 흥정을 하거나 물건을 소개하는 모습을 보면 의욕이 생깁니다. 여러분에게 활력을 주는 사람을 찾아보세요. 그리고 가끔은 만나세요. 부모님, 친구, 친척, 선배, 후배, 직장동료 등입니다.

땅 사기의 구체적인 사례들

현장에서 사기를 당하지 말자는 뜻에서 여러 사례를 소개합니다.

같은 사무실에서 일했던 정 실장이 당한 사기 사례

사례 1 모 언론사에 기자의 아버지인 차 회장은 주로 시유지를 작업하는 브로커였습니다. 그와 정 실장이 만난 것은 김포의 아파트 분양 현장에서였습니다. 그는 아파트를 분양받아 프리미엄을 받고 되팔려는 정 실장에게 시원한 음료수를 건네며 접근했다고 합니다. 그때까지 집에서 살림만 하던 정 실장은 갑자기 병으로 남편이 죽고 아이들을 키우기 위해 소일거리라도 해야 했습니다. 지금까지 평범한 주부로 살아온 터라 특별한 기술도 없던 정 실장은 친구의 소개로 아파트에 당첨되기만 하면 큰돈을 벌 수 있다는 소리를 듣고 현장에 분위기를 보려고 왔던 것입니다.

이 현장에서 정 실장을 만난 차 회장은 훤칠한 키에 돋보이는 외모로 접근했습니다. 아들이 모 신문사의 기자를 하고 있다는 말과, 아파트 분양보다 더 좋은 투자 정보를 주겠다는 이야기에 세상 물정을 모르는 정 실장은 속아 넘어갔습니다.

차 회장은 김포의 시유지 241평을 사면 분명 돈이 될 것이라고 했습니다. 개발자료도 보여주고 지적도를 가지고 설명해주어 전문적인 부동산의 이야기에 혹했다고 합니다. 김포가 앞으로 좋아진다는 이야기는 이미 주변에서 많이 들어왔고, 탁월한 언변과 거짓말은 못할 것 같은 외모에 한 치의 의심도 없었다고 합니다.

"사고 싶어도 지금은 돈이 없어요. 하지만 지금 살고 있는 아파트 외에 길음 뉴타운에 33평(당시 시가로 3억) 아파트가 있기는 하거든요."

"걱정하지 마세요. 교환도 가능합니다."

정 실장은 그 땅에 건물을 지어서 1층은 다리가 아픈 언니네가, 2층은 자기가 살고, 3층은 딸에게 주려고 그림까지 그렸습니다. 혹시 그 땅을 다른 사람이 사갈까봐 노심초사하면서 그 다음 날 바로 아파트의 등기권리증과 인감을 챙겨서 만났다고 했습니다.

차 회장은 먼저 아파트를 자기 앞으로 돌려놓고, 땅은 여러 가지 정리가 되는 대로 정 실장 앞으로 명의를 돌려주겠다고 했습니다. 그 이야기를 믿고 서류를 넘겨주고 계약서를 챙겨서 집으로 돌아와서 명의를 넘겨주겠다는 날짜만 손꼽아 기다리게 되었습니다. 그런데 넘겨주겠다는 날짜에 차 회장을 만나니 시청과 아직 정리가 끝나지 않아서 몇 일간 연기가 되었다고 했습니다. 몇 번을 그렇게 미뤘다고 합니다. 한 달 반이 지나서 아무래도 의심스러워 알려준 번지를 들고 김포 시청의 해당과로 찾아가니 그런 사실이 없다는 이야기를 했습니다. 혹시 번지 수를 잘못 알고 온 것이 아니냐고 했습니다.

돌아와 전화를 해보니 전화는 받지 않고, 수소문해서 그의 아들을 찾아갔지만 자기는 모르는 사실이라고 잡아뗐다고 합니다. 후에 차 회장의 부인이 찾아와서 무릎을 꿇고 제발 해결해드릴 테니 고소만큼은 하지 말라고 애원하는 통에 고소도 못했다고 합니다. 같이 당한 전 국정원에서 일하다 퇴직한 사람도 고소하지 말아야 차 회장이 해결해줄 것이라고 하여 선처호소문까지 써 주었다고 합니다. 10년이 지난 지금까지도 속았다는 생각은 하지만 그냥 유야무야 됐다고 합니다.

세상에는 착한 사람들을 악용해서 사기를 치는 사람들이 많습니다. 자신의 재산은 신중하게 판단하고 지켜야 합니다. 돈이 내 손을 떠나는 순간은 내 돈이 아닙니다. 지금 이 순간에도 어수룩한 사람들을 상대로 작업을 하고 있습니다.

부동산 투자와 사기는 늘 따라다니는 그림자 같은 놈입니다. 끊임없이 밝히고 세세하게 파악해야 사기를 피할 수 있습니다. 현장에서 고객을 데리고 다니다 보면 정말 뛰어나고 현명한 고객을 만나게 됩니다. 그들에게 한 수 배웁니다. 기본적인 서류 검증은 물론이고 지적도, 토지이용계획확인서 등을 끊임없이 질문하고 살피는 고객들입니다. 고객이 질문하면 답하지 않을 수 없습니다.

사례 2 기획부동산도 그렇고 현장부동산도 마찬가지입니다. 특히 많이 발생하는 사건은 등기 사고입니다. 부동산 특히 매도자가 해먹으려고 하면 얼마든지 해먹을 수 있습니다. 계약과 잔금일이 차이가 있다 보니 등기가 되지 않는 상황에서 이중, 삼중의 중복 계약이 가능하기 때문입니다.

현장에서 소유주는 A부동산에서 계약서를 쓰고 계약금을 받고, B부동산에서 계약금을 받고 시간 차이를 두고 중도금과 잔금을 받습니다. 등기를 하기 전에는 원주인의 땅이므로 의심 없이 잔금을 지불하지만, 이중 계약을 하고 등기 전에 원 소유주는 사라집니다. 이중 계약한 땅 주인을 어디서 어떻게 잡겠습니까? 이들 중 등기를 못한 매수인은 발만 동동 구를 수밖에 없습니다. 땅이 사라지는 게 아니라 사람이 사라집니다.

이 사례대로 지인은 부동산에 중도금까지 주었는데 전 소유주의 잠적으로 인해서 그 돈을 찾기 **위해 상당히 고생을 했다고 합니다.** 부동산 대표에게 무릎까지 꿇고 애원을 해서 돌려받은 일이 있다고 합니다. 평소에 잘 알고 지내는 사이라고 해서 이런 일들이 벌어지지 말라는 법은 없습니다.

사례 3 기획부동산에서 계약을 하면 등기를 바로 해주지 않습니다.

기획부동산에서 땅을 사는 것은 브레이크 없는 자동차를 타는 일입니다. 속도는 잘 나올지 모르지만 멈출 수는 없습니다. 안전장치가 없는 차인 줄도 모르고 탔다가는 내리기 어렵습니다.

기획에서 땅을 사고 등기를 해주면 정상적인 일입니다. 들어보면 기획부동산 사장이 돈을 받고 등기를 해주지 않고 잠수 타는 일도 많습니다. 이래저래 못 믿을 기획부동산입니다. 때로는 기획부동산 직원들에게 100~200만원 정도 땅에 대한 청약금 명목으로 받아서 돌려주지 않는 일도 있습니다. 월급 받고 일하려고 왔다가 되려 돈만 날리고 피해만 입습니다. 돈에 있어서는 어느 누구도 믿지 못합니다. 돈이 거짓말을 하는 게 아니라 사람이 거짓말을 합니다.

현장에서 생기는 사기 사례

사례 4 현장에서 땅을 거래하다 보면 매도인 측은 나오지도 않고 부동산중개인이 위임장을 가지고 있는 땅을 매도하는 일들이 흔합니다. 이런 경우 인감도장을 복제하는 일은 식은 죽 먹기입니다. 매수인은 중개사와 위임장을 믿고 거래하지만 늘 이런 위험성을 인지하고 계약을 해야 합니다. 소유주가 해외에 있어서 모든 권한을 위임받았다고 서류를 내밉니다. 부동산 서류에 서툰 일반인은 믿지 않을 수 없습니다.

사례 5 이 사례는 농촌이나 시골에서 자주 발생합니다. 시골마을에는 오래전부터 장부자라는 분이 살고 있었습니다. 그의 아버지는 6.25 시절에 고향에서 고무신 장사를 해서 번 돈으로 차곡차곡 땅을 샀습니다. 그 분은 일하러 온 사람들이 혹시나 딴짓을 하지 않을까 하여 논두렁에 앉아서 조는 한이 있어도 일꾼들을 감시했습니다. 필자가 고향을 떠나 도회지 생활을 하는 동안 70대가 된 장부자는 아버지의 재산을 상속받았습니다. 그 일대에서 여전히 부자였습니다. 장부자는 도회지의 공기업을 거쳐서 퇴직한 분입니다.

그런데 그의 부인이 죽고 난 뒤 장부자는 홀로 남겨졌습니다. 이때부터 젊은 여자를 들이기 시작했고 동네 사람들은 여자가 재산을 노린 꽃뱀이라고 수군거렸습니다. 그 여자는 장부자의 환심을 산 뒤 땅을 담보로 대출을 있는 대로 받아서 갚지 않아 땅이 경매로 넘어갔습니다. 이 땅도 그 꽃뱀과 작업한 내연남이 낙찰을 받아갔습니다. 뒤늦게 이 사실을 안 장부자는 화를 참지 못하고 경매로 넘어간 자신의 자택에서 음독했습니다.

위와 같이 세상 물정에 어두운 시골 노인들을 상대로 토지 사기는 계속해서 끊임없이 일어나고 있습니다. 노인들은 아무리 이야기를 해도 그때뿐이고 자녀들이 수시로 이야기하고 강조해야 이런 일들이 발생하지 않습니다.

사례 6 현장에서 흔히 일어나기 쉬운 사기의 유형은 매도인 즉 토지 소유자의 이중매매입니다. 토지 소유자는 현지에 있는 A부동산과 B

부동산에서 시간 차이를 두고 이중으로 계약합니다. 현장 개발지에 있는 부동산들은 보통 떴다방 부동산이므로 한 탕 하려고 외지에서 오다 보니 현지의 사정이나 물정에 어둡습니다. 이런 점을 노리고 매도인은 오히려 중개업소를 이용합니다. 이중으로 계약을 해도 부동산이나 매수인 측에서 이런 사실들을 알아채기는 정말 어렵습니다. 오히려 너무 쉽게 계약이 된다면 한번쯤 의심해 보는 게 좋습니다.

💰 부자가 되는 방법 ⑬

필요한 것은 돈 주고 배우세요. 당장 쓸 일이 없어도 언제 쓰일지 모르잖아요. 세상에는 그런 일들이 많습니다. 목공 일을 배웠는데 당장 가구를 만들 일이 없습니다. 그런데 생각지도 않은 귀촌을 하게 됩니다. 그때 요긴하게 쓰입니다. 분명 알고 배운 건 아닐 텐데 말입니다.

돈 잃고 사람 잃고 신용도 잃는
기획부동산의 행태

기획부동산의 마케팅 방법

요즘 기획부동산은 과거처럼 전혀 가치 없는 땅을 팔지 않습니다. 다른 사람이 보기에도 위치가 좋고 가능성이 많은 땅을 대상으로 작업을 진행합니다. 때로는 기회가 기획부동산이 브리핑하는 곳에 있습니다. 깨어 있는 사람이라면 좋은 위치를 알게 되고, 기획부동산에 있는 직원들은 지인들을 대상으로 마케팅을 하고 브리핑을 하게 됩니다.

사실 모르는 사람이 비싼 땅을 사줄 이유가 없습니다. 기획에서 파는 땅은 10평, 20평, 30평입니다. 큰돈을 가진 투자자들은 스스로가 정보를 가지고 현장에서 돌아다니면서 직접 1층 **부동산과** 계약을 해버립니다.

그래서 기획부동산에서는 정확한 시나리오를 가지고 철저하게 사전

교육을 시킵니다. 기획에서 몇 년을 듣고 이야기하다 보면 토지에 대한 전문가가 됩니다. 또한 상황에 대한 대처능력이 탁월해집니다. 어떤 상황이라도 말을 하면 대처할 말이 수없이 많은 상황을 통해서 길러집니다.

이런 브리핑 전문가들과 말싸움을 해서는 얻을 게 없습니다. 기획부동산은 만나지 않는 게 상책입니다. 만약에 만났다면 한 귀로 듣고 한 귀로 흘려야 합니다.

기획부동산의 마케팅은 이미 세상에 많이 알려져 있습니다. 일반인이 한번쯤은 전화를 받았거나 전화에 시달리기도 합니다. 이제는 조금씩 진화를 하고 있습니다. 기획이라는 사실을 모르게 현장부동산과 연결을 하거나, 직접 1층 부동산을 차립니다. 땅도 자금력을 동원해서 기획부동산의 명의로 이전을 하기도 합니다. 그만큼 자금 여력이 있어야 사업이 가능합니다. 좋은 땅은 찍어서 곧바로 매매하는 방법을 쓰기도 합니다.

요즘은 무작위로 전화하는 방식은 확률도 떨어지고 힘들어서 기피합니다. 대신 SNS를 활발하게 사용하는 젊은 직원들을 활용하여 젊은 층을 공략하기도 합니다. 블로그 팀을 양성해서 과거의 114마케팅이나 TM(무작위 전화영업)마케팅을 대신합니다.

기획부동산은 딱 한번 고객을 쓰고 버립니다

기획부동산의 땅은 기획부동산 직원들의 지인들이 대부분 삽니다. 일단 사고 나면 지속적인 관리는 어렵습니다. 왜냐하면 사고 나서 대부분 시세를 알아보면 들통이 납니다. 현장 부동산에 위치를 오픈하면 부동산 중개사들이 어떻게 속아서 샀는지 이야기를 해주기 때문입니다.

우리 사무실은 기획부동산에서 일하다가 온 분들이 많습니다. 그들은 잘나갈 때는 연 수익으로 3억 이상을 벌었다고 합니다. 요즘은 기획에서 지인들에게 땅을 너무 많이 팔아먹어서 땅을 사간 고객들에게 연락 오는 것이 두렵다고 합니다. 왜냐하면 땅을 샀던 고객들이 다시 팔아달라고 할까봐서 입니다. 가격을 이야기하면 자기 발등을 찍는 꼴이니 전화를 피한다고 합니다. 남을 속이는 일도 그렇지만 자신을 속이면 도망갈 곳이 없습니다. 양심에 따라 일을 해도 먹고살고 부자가 됩니다.

욕심을 부리다 보니 주변의 사람들이 다 떠나고 영업을 해나갈 동력을 잃어버립니다. 스스로가 자기의 무덤을 파는 꼴입니다. 강남의 선릉에 가면 발에 채이는 사람들이 기획부동산 직원입니다. 직원들은 이곳저곳을 다니다 보니 한 다리만 건너면 다 아는 처지가 됩니다.

급하다고 해도 황금알을 낳는 거위의 배를 자를 생각을 말아야 합니다. 시간이 흐르면 부메랑이 되어서 되돌아옵니다. 정직하게 신뢰가 뒷받침된 영업은 사람을 남깁니다. 그 고객들의 입소문으로 고구마줄기에 고구마가 달리듯이 고객이 계속 창출되는데 뭐 하러 거위의 배를 가를까요? 필자가 본 많은 기획의 직원들은 한결 같은 패턴을 지니고 있었습니다. 앞서간 사람들의 전철을 되짚어가고 있습니다. 기획부동산에서 돈이 털리고 발을 빼지 못하고 마약 같은 월급에 취해서 영혼을 파는 일을 되풀이합니다.

기획은 파는 사람을 위한 마케팅 방식을 취합니다. 사는 사람에 대한 고민이나 신뢰는 없습니다. 많은 고객들은 선량한 상도의를 중요하게 생각하지만 역으로 이용합니다. 기획에서 사는 순간 팔기는 어렵습니다. 왕창 손해보고 손절매를 할 고객은 없습니다. 화병이 나기 싫으면 구입을 미루고 깊이 생각하고 지인에게 전화를 해봐야 피할 수 있습니다. 지금도 계속해서 기획에서는 고객들의 심리를 이용해서 파는 방법을 연구합니다.

기획은 사는 사람의 게으름을 이용한 마케팅의 방법입니다. 확인하려 하지 않아서 생긴 문제입니다. 그 다음은 돈에 대한 유혹입니다. 일확천금을 꿈꾸는 이들을 위해서 그 욕망을 충족시켜 줄 것처럼 마케팅합니다. 교묘한 심리를 악용하는 방법은 갈수록 진화합니다. 감방에 가는 것도 주저하지 않는 그런 사람들입니다. 기획에서 인간적인 것을 기대할 수 없는 이유들입니다.

기획부동산의 화려한 시절

춘천, 가평, 양평, 원주, 이천, 용인, 화성, 평택, 홍천, 서산, 당진 등 브리핑을 많이 하고 기획부동산에서 그곳의 땅을 팔았습니다. 예외적으로 재수가 좋아서 땅을 사자마자 수용 환지 방식의 토지를 받거나, 근처에 지구단위계획이 수립되거나, 보상이 나와서 사둔 땅이 갑자기 오르는 경우는 대박입니다. 일반인이 그 정도의 예측이나 개발 정보를 가지고 땅을 사둔 일은 찾기 힘듭니다.

누가 봐도 좋은 땅은 반드시 그 대가를 지불하고 가져와야 합니다. 땅은 보이는 그대로 입니다. 최악의 경우라도 먼저 해결방안을 마련하면 손실을 줄일 수 있습니다.

시간이 지나면 기획부동산에서 투자한 고객들은 점점 떠납니다. 고객이 언제나 늘 있는 것은 아닙니다. 고객이란 때론 썰물처럼 왔다가 밀물처럼 빠져나갑니다. 토지 시장에서는 고객 한 사람을 만나기가 힘듭니다.

기획부동산은 땅이 좋아서 판매하는 것도 아니고, 가격이 싸서 저렴하게 파는 것도 아닙니다. 짜여진 각본에 따라 연극처럼 각자 맡은 역할을 하고, 성공 시에는 역할에 따른 성공 보수를 받아가는 개념입니다. 보통 한 팀은 5~8명으로 팀에는 부장이 있고, 부장 위에는 상무, 인사실장 전무, 사장, 회장의 임원들로 구성됩니다. 이 모든 단계별 임원들의 급여와 직원들의 사기를 진작시키기 위한 회식, 야유회, 해외여행, 특별시상과 사무실을 운영을 위한 임대료, 비품, 집기, 급여, 차량, 유지비용 등이 나가는데 현장에서 거래되는 땅값의 3~4배를 받지 못한다면 운영이 되지 않습니다.

기획 부동산은 우수한 직원이 생명입니다. 오래 해서 닳고 닳은 직원보다는 인맥이 좋은 신입들이 계약을 더 잘합니다. 이런 직원을 찾기 위해 혈안이 되어 있습니다. 계약을 하지 못하면 인원 충원이라도 하라고 수시로 압력을 가합니다.

기획에서는 계약이 나오지 않으면 쌍소리도 서슴지 않고 하면서 공포분위기를 조성합니다. 처음에는 간이나 쓸개를 빼줄 듯이 하다가 계약이 나올 것 같지 않으면 표정이 달라졌습니다. 수시로 불러서 고객이 있는지 없는지를 체크했습니다. 시간을 지킬 것을 강요하고 밥값도 못한다고 구박을 합니다. 실적을 칠판에 적으면서 계약을 못한 사람은 자아비판 식의 비난을 합니다.

참으로 더러운 수작들이 난무하는 곳이 기획부동산입니다. 땅을 팔면 고객들에게 미안함으로 자책합니다. 사이코패스가 아닌 이상 그렇게 되어 있습니다. 그렇게 자책하지 않기 위한 자기방어로써 다른 기획부동산보다 싸게 판다는 점을 강조합니다. 나아가 시간이 지나면 판 땅이 좋아져서 돈을 벌게 될 것이라고 스스로를 위로합니다. 아주 심장이 튼튼하거나 철면피가 아닌 다음에는 못할 짓입니다.

부자가 되는 방법 ⑭

떠오르는 것을 메모해 보세요. 언제 다시 꺼내 쓸지 모릅니다. 쓰려고 메모하기보다는 메모하다 보면 쓸 일이 생깁니다. 쓰면 쓸수록 여러 생각들이 떠오릅니다. 쓰는 것은 습관입니다. 많은 아이디어들이 메모에서 돌아다니다 새로운 아이디어로 재탄생됩니다.

개발계획을 보고
투자할 때의 위험성

초보자들은 지도만 봐도 훅 간다

공인중개사나 기획부동산 컨설팅직원들은 개발계획이나 지도 자료를 보여준 뒤, 고객의 리액션이나 반응만으로도 성사 가능 여부를 판단할 수 있습니다. 그들은 숙련된 경험과 연구, 공부를 통해서 매매의 가능성을 타진해 봅니다.

기획부동산을 운영하는 사람들은 이런 일을 잘합니다. 현장에는 은밀히 지도를 제작해주는 지도업체 사람들이 다닙니다. 여기에 길을 내고 저기에서 약간 길을 옮기고, 계획에도 없는 산업단지가 생깁니다. 물론 시간이 문제지 하긴 다합니다.

이런 과정을 모르고 투자하는 투자자들은 위험합니다. 언제 일어날지 모르고 지나친 기대에 의해서 투자를 하기 때문에 흡사 홈쇼핑에서 충동구매를 하듯 현장의 분위기만 보고 투자를 합니다. 기획부동산에서 땅을 파는 사람이나 사는 사람이나 결국은 한마음 한뜻이 됩니다.

기획부동산용 브리핑 지도

안산 선부동 아파트 투자 실패의 사례

2008년에 안산 선부동 저층 아파트를 샀습니다. 경매교육과정에서 만난 아는 형이 안산에서 부동산을 했습니다. 그 형이 확실한 정보니까 3개월만 묻어두면 대박이 난다고 해서 의심 없이 투자를 했습니다. 서울에서 안산까지 가까운 거리도 아니라 몇 번 다니기도 힘들었습니다. 생긴다고 하던 신안산선역은 옆쪽 역으로 옮겨서 설계되었고, 집값은 1억 1500만원까지 떨어졌습니다. 결국은 1억 2000만원 정도에 5년 만에 손해를 보고 팔고 나왔습니다. 계산해 보니 거의 7000만원 가까이 손실이 생겼습니다.

아는 사람이라 믿고 투자를 했는데 결국은 눈탱이(잘 모르는 사람을 이용)를 맞았습니다. 그러면서 복비는 칼같이 챙겨갔습니다. 만약 그 때 개발계획을 좀더 치밀하게 확인하고 계획대로 될지 안 될지 변경될 지 철저히 조사를 했더라면 지금까지 빚으로 인한 마음 고생, 몸 고생 을 하지 않아도 됐을 것입니다.

2006년도에 중고차매매 시장에서 같이 일하던 김 부장이 누나로부 터 땅을 소개받았다며 평창에 서울대 평창 캠퍼스가 들어오고, 평창 올 림픽도 한다면서 땅값이 오를 거라며 3000만원을 주고 땅을 샀다고 했 습니다. 따져보면 큰 이슈도 아닌 기획의 브리핑에 속아서 땅을 산 것 이죠.

서울대 평창 캠퍼스가 들어온다고 주변에 유동인구가 얼마나 생길 까요? 연구센터에 종사하는 고정적인 인구는 얼마일까요? 주변에 얼 마나 되는 인원이 거주할지 학교나 공공시설이 들어오는지 묻지도 따 지지도 않고 땅을 샀습니다.

평창 동계올림픽은 일회성 재료입니다. 동계올림픽이 끝나면 썰물 처럼 빠져나갑니다. 물론 올림픽 경기장들이 시내에 있어서 올림픽이 끝나고 상주인원이 변하지 않고 상권 형성에 문제가 없는 지역이라면 해볼만합니다. 교통 여건이 개선되어 일회성으로 끝날 재료가 아닐 때 는 투자도 괜찮습니다.

얼마 전 평택의 땅 때문에 김 부장과 통화를 했는데 기획에서 산 평창의 땅을 산 가격에 되팔아준다면 평택의 땅을 사겠다고 오히려 제안을 했습니다. 10년 동안 땅 가격이 그대로인 땅이 주변에 많습니다. 더 큰 문제는 팔려고 해도 팔리지 않는데 있습니다.

필자도 그랬지만 한번의 잘못된 투자로 인해서 고통을 겪고 있는 분들이 많습니다. 기획부동산 또는 현장부동산의 브리핑에 혹해서 샀다가 10년 이상을 가슴앓이 하는 땅을 상담하고 컨설팅을 하면서 공부가 되고 경험이 쌓이고 보는 눈도 생깁니다. 이제 긴 터널을 빠져 나오고 있습니다. 보는 눈이 생기면 판단력이 날카로워집니다.

개발계획 입안자의 눈으로 땅을 보자

어디가 어떻게 개발되고 있는지 상상해 볼 필요가 있습니다. 산업단지가 들어온다면 배후 주거지는 어디에 건설해야 하는지 생각해보아야 합니다. 지자체장이라면 우리 지역의 장점과 단점을 분석하는데 다음 사항을 고려해 볼 것입니다.

1 항만을 끼고 있는가?

2 철도가 지나가는가?

3 고속도로가 지나가는가?

4 서울에서 얼마나 가까운가?

5 젊은 인구의 유입이 가능한가?

6 교육 여건이 좋은가?

7 항공 여건이 좋은가?

8 주변에 산업단지가 있어 시너지를 낼 수 있는가?

많은 투자자들이 역세권 투자를 합니다. 한때 이천의 부발역 인근의 토지에 투자를 많이 했습니다. 부발역이 들어오면 주변이 상업지가 될 거라고 10만원 가는 토지를 300~400만원에 팔았습니다. 그렇게 투자를 재촉하면서 땅을 소개해서 팔았지만 10년이 지난 지금에 겨우 원금 회복이 되었습니다. 개발계획은 면밀히 알아볼 필요가 있습니다. 그냥 부동산의 이야기만 듣고 판단을 해서는 곤란합니다.

2004~2005년에 현재 행복도시인 세종시가 들어온다는 이야기가 무성했습니다. 실제 2005년 5월18일 행정중심복합도시건설을 위한 특별법이 제정 및 공포되었습니다. 당시 지인과 함께 공주에 내려갔습니다. 세종시 정부세종청사가 들어오는 주변의 땅을 알아보기 위해 돌아다녔지만 허허벌판에 앞이 안 보여서 당장 투자를 하기는 어려웠습니다. 돌아보니 그 시절에 땅에 투자를 했다면 지금쯤 인생이 바뀌었을지도 모릅니다. 땅을 팔면서 고객과의 대화를 통해서 역으로 돈을 벌었던 많은 정보들을 얻을 수 있었습니다.

땅은 정직합니다. 시간이 지나면 돈은 벌립니다. 많은 시간 동안 네이버와 다음 지도, 위성지도를 보면서 분석했습니다. 어떤 일이든 3년간 하면 베테랑이 되고, 10년간 하면 전문가가 됩니다. 부동산이 어렵고 힘들다는 것도 누구나 인정합니다. 오로지 필요한 것은 관심입니다. 열정이 식으면 아무 일도 못합니다. 물론 다른 사람의 이야기만 듣고서 투자를 해서는 안 됩니다.

다른 사람의 이야기라도 자세히 듣고 의문이 생기면 공부를 해야 합니다. 자신이 잘 모르면서 다른 사람에게 팔 수도 없고, 계속해서 관심을 가지면서 정보를 수집해야 합니다. 특히 투자를 하는 것보다 부동산 관련 일을 하면서 투자자 유치를 하기 위해서 연구하고 공부하면 좋습니다. 결과적으로 자신이 제일 많이 알게 됩니다.

주변에 보면 자신의 주관이 뚜렷하고 소신이 있는 투자자들이 있습니다. 이들이 공부가 되면 무섭습니다. 자신의 주관이 뚜렷해서 옳다고 믿을 만한 정보만 주어지면 주변의 시세를 파악하고 투자를 쉽게 합니다. 설령 작은 흠집 정도의 문제는 알아서 해결합니다. 이런 투자자는 투자 타이밍의 최적기에 들어가서 투자의 수익을 올리기도 합니다. 시간이 흐르면 돈을 많이 벌 수 있는 자질을 가진 투자자입니다.

귀는 얇고 생각이 너무 많고 계산도 많이 하는 투자 유형은 늘 정보만 캐러 다니다가 시간만 보냅니다. 작년 가격을 생각하다가 올해는 너무 비싸서 못하고 내리면 할까, 혹은 싼 땅을 알아보지만 싼 땅은 입지나 모양이 좋지 않아서 사기 싫어합니다. 이래저래 핑계만 댑니다. 개발지는 많고 투자 대상도 많습니다. 너무 많이 알다 보면 생각이 많아져서 판단을 못합니다.

부자가 되는 방법 ⑮

책을 쓰기 위해 많은 생각을 했습니다. 현장에서 2~3년 일한 것보다 더 많은 것을 알게 됩니다. 쓰면서 배우고 배우면서 씁니다. 글을 쓰면 많은 장점이 있습니다. 마음이 정리되고 생각이 정리되고 새로운 아이디어가 생깁니다.

06

무조건, 무답사, 무확인
3무 투자의 위험성

부동산 투자 실패는 3무의 실천이다

부동산 투자는 운으로 성공할 수 있는 게 아니다. 성공 요건을 따지자면 운은 기껏해야 10%에도 미치지 못한다. 나머지 90%는 과학적 분석이다. 경기사이클, 부동산사이클을 아는 것도 과학적 분석이 있기에 가능한 것이다. 주먹구구식으로 '이럴 것이다 저럴 것이다'라는 말에 현혹되어 섣불리 투자를 해서는 안 된다.

– 〈부동산 투자는 과학입니다〉 중에서

부동산 매매 현장에는 '3무(무조건, 무답사, 무확인)' 투자자가 많습니다. 일부러 그런 것은 아니지만 몰라서 이런 일들이 많이 벌어집니다. 오직 돈에만 눈이 멀어서 일단 저지르고 봅니다. 돌이켜보면 1000원짜리 물건도 싼가 비싼가 품질이 좋은지를 따지는데 말입니다. 또 머

138

리로는 알지만 현장의 분위기 속에서 머리가 하얗게 됩니다. 이런 경험들은 많습니다.

누구나 처음은 어렵습니다. 혼자서 아무리 현장에 다녀봐도 땅 한 평을 사기 힘듭니다. 왜냐하면 땅에 대한 공부가 되어 있지 않아서 어떤 이야기도 머릿속에 들어오지 않습니다. 아이러니하게 제일 공부를 많이 시켜주는 곳은 기획부동산입니다. 어디서 가져오는지 정부에서 발표도 하기 전에 '~카더라 통신'이 제일 많이 생산되고 유포되는 곳이 기획부동산입니다.

또 땅을 팔려고 마케팅과 홍보를 합니다. 이 때문에 가장 많은 정보를 알고 수집하게 됩니다. 이 과정에서 부동산 관련 일을 하는 사람이 부자가 되는 것은 당연합니다. 부동산을 제일 많이 생각하고 많이 보는 사람은 공인중개사나 부동산마케팅을 담당하는 직원들입니다.

한 가지 팁을 드리자면 부동산으로 부자가 되고 싶다면 부동산 관련 일을 하면 됩니다. 많은 정보를 입수하게 됩니다. 물론 너무 많은 정보가 주어지면 진짜 정보가 무엇인지 판단이 어렵기도 합니다. 이건 단점입니다. 그래도 알고 투자를 하고 알고 소개를 해야 합니다.

부동산 특히 토지 투자를 하다 보면 무대포 투자를 하는 분들을 만납니다. 영업을 하는 입장에서는 이런 분들이 제일 반갑고 좋습니다. 그런데 뒤집어 생각해보면 이런 분들은 올바른 투자를 못합니다. 재산이 많아도 여러 군데 분산을 하다 보면 성공한 한 건이 먹여 살리는 게 아니라, 실패한 한 건이 벌어놓은 수익을 다 까먹습니다.

그런 현장에는 반드시 가 보아야 하고, 부동산 공인중개사나 기획부동산의 이야기만 듣지 말고 스스로 판단 능력, 해석 능력, 예측 능력을 갖추어야 합니다. 그런 눈을 갖기 전까지는 스스로 자제하는 능력이 따라야 합니다. 그런 점에서 필자도 내세울 것이 없습니다. 브리핑만 들어보면 땅을 사고 싶은 충동이 생깁니다. 이런 충동을 자제하고 합리적인 판단이 가능해야 합니다. 남이 설명해주는 수동적인 정보에 현혹되지 말고 스스로 해석하는 능력을 키워야 합니다.

저의 강남 사무실에 왔던 70대 노부부가 계십니다. 브리핑만 듣고 조금씩 투자해서 결국은 수억 가까운 돈을 날렸습니다. 이들은 현장에 가보지 않습니다. 서울에서 마케팅하는 지인의 이야기만 듣고 1억, 2억씩 투자를 했다고 합니다. 땅을 산지 4~5년이 되는데도 그때 가격이나 지금 가격은 그대로 입니다. 주로 화성, 향남, 이천, 부발역 근처라고 했습니다. 현지 부동산에 확인하고 현장을 보고 판단했다면 당하지 않았을 일입니다. 현장에는 이런 분들이 의외로 많습니다.

또 김해에서 김해국제공항 인근의 토지를 6만원에 사서 80만원에 팔고 나온 분이 있습니다. 이분은 전국의 토지를 대상으로 투자를 하는데 현지 지인의 집에 5~6일씩 숙박을 하면서 땅을 봅니다. 저에게도 다섯번을 왔던 기억이 납니다. 얼마나 꼼꼼하게 브리핑을 듣고 질문을 하는지 제가 두손 두발 다 들었습니다. 다른 부동산을 통해서도 정보를 입수하여 가격을 세 번 정도 협상을 했습니다. 그 주도면밀한 투자 판단이 결국은 땅으로 30억 정도의 자산을 만들어 주었다고 봅니다.

부동산은 사업이다

한마디로 연고를 활용한 영업입니다. 아무것도 모르고 기획부동산에 입문하면 기획부동산 임원들의 좋은 먹잇감이 됩니다. 속을 때는 속더라도 반드시 현장을 확인하는 것은 필수입니다. 현장에 가서 지적도나 지도를 보고 현장을 파악하는 것은 어렵습니다. 현지 부동산이나 현지 사정을 잘 아는 주민이나 부동산 공인중개사를 대동하고, 현장을 방문해서 도로가 있는지 주변에 혐오시설이 있는지 어떤 용도로 개발을 해야 하는지 스스로 파악해야 합니다.

땅으로 돈을 버는 것도 사업이라는 생각을 가져야 합니다. 사업을 하는데 비슷한 사업을 하는 경쟁자보다 차별화된 능력이 있어야 합니다. 파는 사람, 중개하는 사람, 매수하려는 이유가 정확해야 합니다.

파는 사람은 왜 팔려고 할까?

미래 가치가 불투명해서 지금이 꼭지라고 생각하기 때문인가?

돈이 급히 필요한 이유가 생겼기 때문인가?

외국에 가야 하는가?

경매로 넘어가는 상황인가?

토지에 투자하는 사람은 이런 디테일한 생각을 하지는 않습니다. 비교하기는 그렇지만 이런 분들은 남의 패는 보지 않고, 자신이 들고 있는 패만 보고 고스톱을 치는 사람과 같습니다.

많은 투자자들은 착각을 합니다. 땅을 사두고 가만히 있으면 그저 오르는 줄 압니다. 땅도 관심과 관리 속에서 자랍니다. 현장을 보고 확인하고 땅을 산 투자자는 그만큼 관심을 많이 가지고 공부를 합니다. 땅을 사고 공부를 하면 비로소 보입니다. 보이면 알게 됩니다.

부동산은 천만의 말씀, 믿지 말아야 합니다. 부동산에 투자하고 속을 끓이고 있는 분들이 많습니다. 부동산을 배추 사듯 양파 사듯 사지는 못합니다. 내 돈 5000만원 이상은 있어야 투자가 가능합니다. 잘못되면 다시 돌릴 수는 없습니다. 후회하지 않기 위해서는 처음부터 정확하게 심사숙고해서 고르지 않으면 안 됩니다. 투자할지 말지를 심사숙고해야 합니다.

산 좋고 물 좋고 경치 좋은 곳이 있습니다. 여기에 펜션을 지어서 매월 생활비를 벌어야 하는 사업이라면 신중해야 합니다. 사서 들어가는 것도 문제입니다. 마음에 들지 않아서 팔고 나올 때는 환금성이 발목을 잡을 수 있습니다.

사람들은 착각합니다. 100만원에 사서 현재는 300만원이 간다고 하더라도 실제 팔려고 내놓으면 거래되는 가격이 아니라 호가일 뿐입니다. 호가를 매도 가격으로 착각해서는 안 됩니다. 팔아서 세금 공제하고 순수하게 남아야 남는 것입니다.

부동산 투자 현장의 뜬소문들

부동산에는 거품이 너무 많습니다. 실제 그 속에 들어가서 확인해야 정말 돈을 벌었는지 손해를 봤는지 알 수 있습니다. '운칠기삼'이라고 하는데, 70%인 운을 극복하기 위해서는 실력이 있어야 하고 분석하고 해석하고 설명을 할 수 있어야 합니다. 앞에서 부동산은 과학적인 투자라고 하는 이야기와 일맥상통합니다. 누구나 인정할 만한 땅에 투자를 해야 합니다.

컨설팅매매는 개발업자가 토지를 매입하는 것이 아닙니다. 공동개발하여 개발업자가 원형지의 값을 치르지 않고 토지승낙서를 얻어 분양을 해서 개발 수익을 나누는 일종의 공동 사업 방식입니다.

현장에는 이런 유혹들이 많습니다. 연구시설을 짓겠다, 귀뚜라미 사업을 하겠다, 특허를 받은 씨감자 사업을 해서 토지 대금을 지불하겠다 등등. 이들의 공통점이 있습니다. 좋은 땅보다는 평수가 큰 땅, 잘 안 팔리는 땅을 타깃으로 합니다. 중간에 토지를 담보로 대출을 받아서 잠수하는 수법으로 사기를 치는 것입니다. 잘되면 대박, 안 되면 소리 소문 없이 잠수입니다. 중간에 연결한 브로커와 담보물을 제공한 원 토지 소유주만 피해를 보게 됩니다.

언뜻 보면 컨설팅매매와 비슷해 보이지만, 기획부동산과의 차이점은 땅을 담보로 대출을 일으킨다는 점입니다. 내 돈은 들어가지 않고 남의 땅을 가지고 돈을 버는 봉이 김선달식 투자 방법입니다. 봉이 김

선달이야 워낙 유명해서 도망도 못 가지만, 이들은 여차하면 필리핀이나 베트남으로 자금을 빼돌리고 도피를 해버립니다.

이들이 노리는 점은 사람들의 기억에서 빨리 잊혀지는 것입니다. 몇 년이 지나서 기억이 흐려지면 다시 나타나 똑같은 작업들을 하고 다닙니다. 이들의 마수에 걸려든 브로커나 토지 소유주들은 대박의 유혹을 뿌리치지 못하고 헛된 꿈만 꾸고 당합니다.

이들을 설득하려고 아무리 설명을 해도 사기꾼의 사탕발림에 속아서 다른 사람 이야기는 믿지 않습니다. 자기가 속아도 속은 줄도 모릅니다. 잘못됐다고 하면 되려 큰소리로 역정을 냅니다. 그리 쉽게 땅으로 돈을 벌 수 있다면 누가 하지 않겠습니까? 부동산에서는 ~카더라, ~벌었다더라의 소문을 끊임없이 생산 유포하며 유혹하고 있습니다.

현명한 투자자라면 진위를 가릴 줄 알아야 합니다. 누가 뭐라고 해도 자신만의 원칙이 있어야 합니다. 사기꾼과 진짜를 구별하는 눈을 가져야 합니다. 내가 이 책을 쓰는 이유도 땅에 대한 안목을 가지는데 보탬이 되기 위함입니다. 누군가를 헐뜯기 위함은 아닙니다. 매사에 부정적인 접근은 옳은 태도는 아닙니다. 그런 사람들은 한계가 분명합니다.

💰 부자가 되는 방법 ⑯

늦은 것도 없고 빠른 것도 없습니다. 살다 보면 얼추 비슷하게 흘러 갑니다. 너무 비관하거나 너무 흥분하지 마시길 바랍니다. 지나고 나면 알게 됩니다. 그 속에 있을 때는 모릅니다. 이치를 알면 견디기가 쉽습니다.

4장
[투자지역 분석]

전국 땅 투자의
맥을 짚어보자

길목 투자 - 서울에서 가까운 남양주, 가평, 양평

은퇴자의 전원주택과 펜션의 집결지

서울에서 50km 이내에 있는 남양주, 가평, 양평에 은퇴자의 세컨하우스나 펜션 투자를 많이 합니다. 지리적으로 서울과 가까운 쪽은 주말에 왔다 갔다 하면서 귀촌생활을 해볼 수 있습니다. 도시에서 너무 먼 곳은 여러 가지 편의시설이 없기 때문에 보통은 다시 도시로 돌아오게 됩니다.

이 지역은 서울의 관문입니다. 지하철이 들어오면서 교통적인 여건이 계속 좋아지고 있습니다. 이 지역은 자가용을 가지고 다니지 않더라도 대중교통만으로 충분히 서울에서 출퇴근도 가능합니다. 이런 수요들을 생각하면서 땅에 투자를 하면 좋은 결과를 가져옵니다. 이 지역의 최대 장점은 서울과 지리적으로 가깝다는 점과 교통의 편리성입니다.

펜션과 전원주택 아니면 소일거리라도 할 수 있는 땅을 사야 합니다. 이 지역의 땅은 특별한 개발 호재가 있는 것은 아닙니다. 단지 컨셉이 은퇴자나 귀촌, 귀농을 원하는 사람이므로 자연친화적이지만 도시 가까이에 살고 싶은 수요를 노리면 됩니다.

사례 8~9년 전에 같은 아파트 위층에 딸아이 친구가 살고 있었습니다. 그 아이의 아빠는 남양주 별내신도시가 들어올 때 아파트 분양권을 팔고 있었습니다. 당시 이야기로는 분양권판매 사업은 생각만큼 돈을 벌지 못했다고 했습니다. 아이들끼리 친하게 지내 필자의 집사람과도 가끔 함께 만나 이야기를 나누는 그런 사이였습니다.

어느 날 집사람으로부터 딸아이 친구 부모가 장사를 하기 위해 가평 본댁으로 들어간다고 했습니다. 그것도 갑자기 음식장사를 하겠다고 말입니다. 과연 초보가 음식장사를 잘할 수 있을까 잠시 생각하기도 했습니다.

주말을 맞아 가족과 함께 딸아이 친구 부모님이 운영하는 오리구이 음식점에 갔습니다. 장사가 얼마나 잘되는지 몇 달 동안 하루도 쉬어본 적이 없다고 했습니다. '아침고요수목원' 근처에 부모님의 논이 도로의 삼거리에 있어서 그곳은 아침고요수목원을 가는 사람들이 반드시 거쳐야 하는 곳이었습니다. 목이 좋아서 장사가 잘되었습니다. 아마 돈 쓸 시간이 없어 돈을 많이 모았을 것입니다. 이후 구리에 아파트도 사고 돈을 많이 벌었다고 했습니다.

수도권에서 가까운 지역은 테마에 맞는 땅을 골라서 투자한다면 실거주도 가능하고, 투자도 가능합니다. 하지만 이런 지역은 펜션이 너무 많아서 수익성이 떨어집니다. 이런 곳에는 경쟁력도 없고 차별화도 안 되는 업종을 선택할 일이 아니라, 차별화되고 특색 있는 카페나 오히려 임시 주거목적의 원룸을 지어서 임대를 주어도 괜찮습니다.

투자는 아이디어 싸움입니다. 물론 앞의 사례처럼 부모님의 땅이 있고 연고가 있는 곳이라면 금상첨화입니다. 부모님이 든든한 울타리 노릇을 해주어서 특별히 적응할 시간이 필요하지도 않습니다. 아침고요수목원처럼 전국에서 관광객이 모여드는 길목인 곳의 땅도 투자로써 생각해볼 가치가 있습니다.

남양주 진접 역세권 주변을 주목하라

서울의 동부에서 구리를 지나면 남양주입니다. 이 지역은 마석의 가구단지로 유명한 지역입니다. 상봉역을 지나 춘천으로 가는 전철의 중간역들이 생기면서 상습 정체 구역이던 대중교통에도 숨통이 트였습니다. 땅값도 빠른 속도로 올랐지만 별다른 이슈가 없어서 현재는 주목받지 못하는 지역입니다. 좀 어중간한 지역이라고 할 수 있습니다.

2018년 평창 동계올림픽의 수혜를 받는 지역은 이미 땅값 상승이 되었습니다. 평창동계올림픽이 끝나고 나서도 여전히 투자자들의 관심을 받는다면 한 차례 더 땅값 상승을 기대할 수 있습니다. 베이버부머의 은퇴가 진행되고 있는 지금 대규모 은퇴자들이 어느 지역으로 몰려 가지는 않을 것으로 봅니다. 자신들이 살던 곳에서 벗어나기를 꺼려 하는 경향이 있기 때문입니다. 자신이 살던 환경과 생활 패턴을 한꺼번에 버리기는 힘듭니다. 도시의 은퇴자들은 자녀들이 결혼하고 아이를 낳으면 돌봐주어야 하고, 농촌에서 생활을 해본 경험이 없는 배우자들은 귀촌, 귀농에 대해서 막연한 두려움을 가지고 있습니다. 또한 도시에서 누리던 문화생활이나 인간관계, 동창회, 모임이나 취미활동을 버리고 농촌에서 생활하기는 어렵습니다.

〈반드시 성공하는 땅 투자 추천 입지〉

1 지하철 역세권에서 500m 이내

2 용도지역이 바뀔 가능성이 있는 땅(준주거 → 상업지역)

3 작은 자투리땅 20~100평

4 건축이 가능한 땅

5 주변에 국가 산업단지가 있는 지역

6 창고나 소규모 공장건축이 가능한 곳

7 공시지가가 높아 대출이 많이 나오는 곳

8 주변이 창고나 공장밀집 지역이면서 원룸 건축이 가능한 곳

9 KTX역사, 지하철, 고속도로, 항구 등 교통 여건이 좋은 곳

10 금액이 큰 땅은 지인끼리 공동으로 구입이 가능한 곳

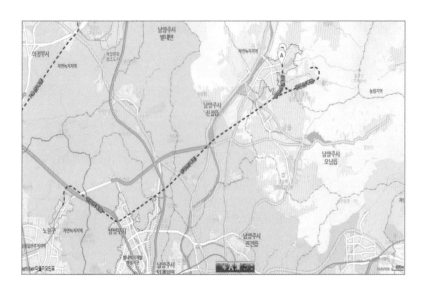

남양주 진접 역세권 주변

남양주 진접역이 들어오는 인근은 아파트 단지가 많이 생기고 있습니다. 광릉수목원 가는 쪽으로 4차선의 양쪽에는 손 바뀜이 계속되고 있습니다. 현재 상가나 주유소 위치는 700~800만원 정도이고, 주택지는 250만원, 창고용지는 200~250만원 정도합니다. 그래도 아직은 지하철 역사공사가 진행되고 있기 때문에 공사가 완료되고 유동인구가 많아지면 다시 한 번 땅값은 상승할 것으로 보입니다. 땅으로 투자만하기보다는 소규모 개발이 더 투자가치를 높이는 일입니다. 이런 점을 염두에 두고 투자를 한다면 좋은 성과를 거둘 수 있습니다.

양평은 연예인들의 전원주택지로 좋다

양평은 연예인의 전원주택으로 이미 많이 알려져 있습니다. 북한강, 남한강 근처의 경치 좋은 곳은 땅이 나오지도 않고 가격도 비쌉니다. 서울에서 차가 막히지 않으면 30~40분이면 도착합니다. 시간이 자유로운 직장인이라면 이곳에서 출퇴근도 가능합니다. 교육적인 여건도 좋습니다.

이 지역은 상수원보호구역으로 수도권의 수돗물을 책임지고 있어서 개발의 한계를 분명히 가지고 있습니다. 대규모 산업단지나 아파트단지들이 들어오기 힘듭니다. 과밀화된 지역을 피하고 쾌적한 환경을 원하는 분들에게 적합한 땅입니다. 수도권에 사는 분들이라면 대부분 대학 시절 MT나 농활을 다녀와서 지역적 특성은 누구나 잘 알고 있을 겁니다.

향후 제2외곽 순환도로가 뚫리고 교통여건이 개선되면 이 지역도 또 한번의 지가 상승을 노려볼 수 있습니다. 이 지역에 투자하는 분들은 전철역을 중심으로 얼마나 떨어져 있는지를 알아볼 필요가 있습니다. 오히려 이런 지역에서는 실거주 목적으로 하면서 투자를 병행하는 것이 좋습니다. 또 펜션을 운영하거나 카페 혹은 농수산물 유통매장을 운영하여 부수익을 올릴 만한 것을 생각하면서 토지 투자를 한다면 수도권에서 먼 지역보다는 빠른 시간에 투자가치 상승의 열매를 맛볼 수 있습니다.

전원생활은 이상이 아니라 현실이다

양평이나 가평에 물 좋고 산 좋고 경치 좋은 곳에 그림 같은 집을 지어서 살다가도 동네 주민들과 융화를 못하거나, 벌레나 잡초, 새나 동물 등 도심에서 경험하지 못한 낯선 환경에 적응하지 못하고 다시 돌아오는 역귀경 현상이 벌어집니다.

필자도 이런 전원주택을 팔아달라는 상담전화나 문자메시지를 가끔 받습니다. 전원생활은 꿈이 아니라 현실입니다. 그러나 매스컴에서는 전원에서 성공한 사례만 다루기 때문에 마치 은퇴자들의 로망인 듯이 비춰집니다. 농촌에서는 농기구 하나라도 자신의 힘으로 다룰 줄 알아야 생존이 가능합니다.

은퇴자들은 월수입이 줄어들더라도 도시에서 아파트 경비원, 초등학교지킴이, 택시운전사, 주차장관리, 주유원, 아파트 단지 내 택배 등 체력적으로 부담이 없는 일을 찾아서 인생 2막을 시작합니다. 이들은 땅을 사고 부동산에 투자를 하면서 큰 수익을 올리기를 기대하지 않습니다.

70~80대 분들에게 토지 투자를 권유하면 "이제 남은 날도 얼마 없는데 뭐 하러 땅에 투자를 하겠냐"는 다소 비관적인 답이 돌아옵니다. 그래서 땅에 투자를 하는 연령은 40~60대가 주를 이룹니다. 어느 정도 세상에 대한 경험이 있어야 먹힙니다. 투자자들도 사기는 쉽지만 팔기

가 더 어려운 게 땅입니다. 주식은 손절매가 가능하지만 땅은 주인을 만나지 못하면 팔기 어렵습니다.

막연히 연금이나 받으면서 공기 좋고 물 좋은 곳에서 시간이나 보낼 생각이라면 괜찮습니다. 하지만 자신이 움직여서 수익을 얻고자 한다면 필수적으로 기계를 다루는 방법은 익히고 가야 합니다. 주택을 하나 수리하더라도 인부를 구하기도 어렵고 비용도 많이 듭니다. 웬만하면 자가 해결이 가능해야 합니다.

전원주택, 펜션, 단독주택을 가지고 싶은 분들은 처음부터 땅을 사서 건축을 하거나 혹은 지어진 건물을 사서 살기보다는 미리 1년 정도 임대해서 살 것을 추천합니다. 자신의 전 재산을 걸고 도박을 하기보다는 충분히 경험을 쌓은 다음에 후회 없는 선택을 해야 합니다.

부자가 되는 방법 ⑰

버스나 기차 혹은 자동차를 타고 여행을 다녀보세요. 여행은 자유를 줍니다. 여행은 행복을 줍니다. 여행은 새로운 아이디어를 솟아나게 합니다. 지금 어려운 결정을 해야 한다면 경치가 좋은 곳으로 풍경 여행을 떠나보세요. 저의 블로그가 네바퀴 풍경입니다.

02

기획 투자 - 경기도 서남부 시흥, 화성

시흥시도 기획부동산의 놀이터가 되었다

이 땅은 필자의 블로그를 보고 고객이 상담을 요청한 것입니다. 본 토지는 광로3류(폭 40~50m) 주간선도로가 저촉되어 있습니다. 평당 130만원인데 사도 좋으냐고 연락을 해왔습니다. 물론 근처에 소사원 시선 전철역사도 공사 중이고 도로도 물려 있어 좋아 보입니다. 혹시 청약금을 넣었냐고 물어보니 100만원을 넣었고 지분 투자라고 합니다. 이는 필시 기획부동산입니다. 더 좋지 않은 것은 그린벨트입니다. 그린벨트가 풀리려면 몇 년이 걸릴지 모릅니다. 이런 땅에 투자를 하면 20~30년이 걸릴 수 있습니다. 도로도 도로 나름입니다. 예를 들면 도로에 접촉되어 상가나 주유소 등을 건축할 수 있으면 좋은데, 개발 계획도 없는 땅에 공유지분으로 들어간다면 다시 빠져 나오기는 어렵습니다.

156

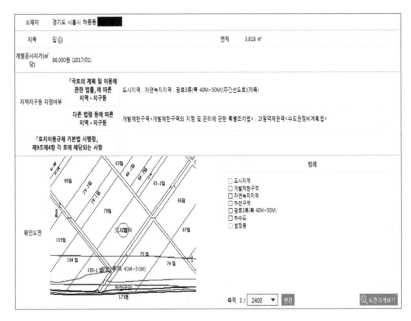

소재지	경기도 시흥시 하중동 ▓▓▓▓▓		
지목	답	면적	3,818 ㎡
개별공시지가(㎡당)	86,000원 (2017/01)		
지역지구등 지정여부	「국토의 계획 및 이용에 관한 법률」에 따른 지역·지구등	도시지역 , 자연녹지지역 , 광로3류(폭 40M~50M)(주간선도로)(저촉)	
	다른 법령 등에 따른 지역·지구등	개발제한구역<개발제한구역의 지정 및 관리에 관한 특별조치법> , 과밀억제권역<수도권정비계획법>	
「토지이용규제 기본법 시행령」 제9조제4항 각 호에 해당되는 사항			

시흥시 하중동 토지이용계획확인서

이 땅이 역세권의 바운더리 안에 포함되어 있다면 가격이 많이 올라서 쉽게 매입하기는 어렵습니다. 돈이 많으면 모르지만 5000만원~1억의 투자금으로 10~20평을 사는 것은 무리가 있습니다. 신안산선 매화역 예정지 인근의 땅들도 기획부동산들이 투자 권유를 많이 합니다. 청약금을 걸고 내사하고, 답사를 가고 지분으로 투자를 권유하는 패턴이라면 정중히 거절하기 바랍니다.

물론 드물게 이런 지분 투자는 권유할 수 있습니다. 아는 사람 몇 명이 위험을 줄이고 소액으로 좋은 땅에 투자를 하기 위해 서로 협의를 해서 땅을 사는 것은 가능합니다. 물론 기획부동산도 할 말은 있습니다. 큰 필지를 사기에 돈이 부족하기 때문에 그렇다고 하지만 그것도 평계에 불과합니다. 그렇다 해도 땅 가격을 너무 부풀려서 팔아 문제가 됩니다.

서울 근처에 땅이 있는 시흥은 교통 여건과 주거 여건이 계속 발전되고 있습니다. 소사원시선과 신안산선이 개통되는 2025년에 가면 이 땅들은 남아 있지 않을지도 모릅니다. 한편으로 생각해보면 서울 강남에도 오랫동안 농사 짓는 곳은 개발이 되지 않아 가격이 오르지 않은 상태로 있습니다. 이런 땅을 본다면 도시라고 반드시 개발되는 것은 아닙니다.

몇 년 전까지 강남구 세곡동에 지인이 땅을 가지고 있었습니다. 그 땅을 팔려고 내놓아도 아무도 관심이 없었습니다. 하지만 불과 몇 년 전에 세곡동에 보금자리 주택이 들어오면서 그곳의 땅들은 아파트 단지로 개발이 되었습니다. 크게 오르기 전에 팔리지도 않고 가격도 오르지 않아서 팔아버렸다면 그동안 기다렸던 시간에 대한 보상도 없이 큰 돈을 벌 기회를 놓쳤을 것입니다. 이후 연락이 끊어져서 소식을 듣지 못했습니다.

서울 강남이라고 다 오르지는 않는다

10년간 일했던 강남구 율현동 108-9번지 근처의 비닐하우스 농지도 수십 년을 변함 없이 가치가 오르지 않는 상태로 있었습니다. 하지만 위쪽에 SRT 수서역이 들어오고 아파트 단지로 변하면서 땅 가격이 크게 올랐습니다. 강남도 매수/매도 타이밍을 잘못 잡으면 땅으로 돈을 벌지 못합니다.

서울 강남도 이런데 아무리 서울에서 가까운 땅이라 하더라도 타이밍을 잘못 잡으면 수익은 고사하고 마음고생만 하다가 결국은 남 좋은 일만 시키고 맙니다. 적절한 매수 타이밍에 들어가서 어느 정도 수익이 발생하면 되팔고 나오는 기술이 필요합니다.

이미 도시가 형성된 곳은 기존에 토지를 가지고 있던 원주민만 수익을 보게 됩니다. 아무리 주변에 지하철역이 들어와도 이미 오를 대로 오른 땅은 투자가치가 없습니다. 하지만 사람들이 놓치기 쉬운 허허벌판에 KTX역은 결국은 교통의 편의성으로 인해서 주변이 개발되고 주거와 상권이 옮겨옵니다.

10년도 전 천안아산역 주변이 그런 지역이었습니다. 그때는 아무 그림도 그려지지 않아서 과연 이 허허벌판에 농지가 어떻게 바뀔지 그림을 그리지 못했지만, 얼마 전에 가보니 실로 그 주변의 변화에 놀라움을 금치 못했습니다.

화성에서도 서해선복선전철과 기차가 지나가는 향남역 주변은 반드시 짚고 넘어가야 할 땅들입니다. 시간을 두고 이 땅의 가치는 계속해서 오르게 됩니다. 특히 주변에 산업단지와 아파트 개발 예정지가 있는 역세권은 끊임없이 유동인구가 생기게 되므로 상업지역으로 탈바꿈하는 지역들이 많습니다. 계속해서 서두르지 않고 분석하다 보면 반드시 기회가 옵니다. 화성 향남도 몇 년 전부터 기획부동산이 비싼 가격으로 토지를 팔았습니다. 2~3년 전에 팔았던 땅들이 아직도 원금회복을 못하고 있는 그런 지역입니다.

마음이 맞는 지인들이 공동으로 땅을 사서 개발행위 허가를 받거나 분할을 해서 되팔면 100~200% 수익을 올리는 것은 문제도 아닙니다. 개발지 인근의 땅들은 1층 부동산조차도 투자자를 모집해서 이런 식으로 치고 빠지는 일이 빈번합니다.

어느 정도 마케팅 능력만 있다면 이런 방식의 투자는 언제나 유효한 방식입니다. 투자는 결국 기획에 달려있습니다. 초보자는 모르지만 땅을 어느 정도 아는 사람이라면 기획 투자는 충분히 수익을 거두는 좋은 방법이기도 합니다.

대기업이 들어가는 곳을 노려라

전국을 손아귀에 쥐고 끊임없이 분석하고 공부하면 주식 투자보다 훨씬 안전하고 확실한 방법이 땅 투자입니다. 삼성전자가 있는 수원-화성-평택-아산 지역의 공단 주변을 눈 여겨 보세요. 현대기아자동차가 있는 화성-아산-전주-울산 공장 주변을 보면 대기업 공장들이 있는 화성-평택-천안-아산 지역으로 움직이는 현상을 보게 됩니다. 울산, 창원, 구미에서 점점 수도권에 가까운 곳으로 공장이 움직입니다.

고급인력 확보와 동시에 중국과의 무역을 위한 서해안 시대가 열리고 있기 때문입니다. 여기서 평택항과 당진항을 주목할 필요도 있습니다. 자동차는 분명 화성-평택-아산에 집중되고 있습니다. 대한민국을 먹여 살리는 양대축이 어디에 있는지 관심을 가지고 지켜보세요. 대기업이 움직이는 곳에 땅값의 상승도 일어납니다. 앞으로 50년은 평택-천안, 아산-청주-대전-세종시가 투자의 답입니다.

가끔 부동산에서 일을 하다 보면 기획부동산들을 만납니다. 이들이 한결같이 하는 말들이 있습니다. 그때 화성 향남 땅을 비싸게 팔지만 않았다면 고객들이 떨어져나가지 않았을 텐데 말입니다. 고객도 살고 나도 사는 길은 정도를 걷는 것입니다. 이 단순한 명제를 모두 알고 있겠지만 그들은 중독에서 벗어나면 금단증상을 겪듯이 다시 돌아갑니다. 땅에는 정답이 없지만 결국 싸게 사야 합니다. 비싸게 사면 시간이 흘러도 비싼 만큼 오르지 않습니다.

화성을 둘러보면 아직도 개발의 여지가 있는 땅들이 많습니다. 지금 동탄에서는 아파트 분양이 많이 되어 전세가격이 많이 떨어진다고 합니다. 잘못하면 역전세난으로 세입자를 내보낼 때는 돈을 보태서 내보내야 합니다. 전세가가 낮아지면 결국 집주인을 괴롭힙니다. 화성의 동탄이 베드타운을 벗어나기 위해서는 주변에 좋은 산업단지들이 많이 들어와야 합니다. 하지만 아파트를 짓는 속도를 따라가지 못합니다. 땅은 점점 줄어들고 있습니다. 결국은 아파트보다는 땅입니다.

경부고속도로와 서해안고속도로 축의 서울 인접지역부터 화성시까지 개발이 확산됨에 따라 **이곳의 도시개발 압력 및 잠재력이 높아져 서**

수원, 오산, 평택 고속도로가 공사 중이고, 시흥, 평택, 제2외곽 순환도로 등이 계획 중이라 통과 예정에 있으며, 서해선복선전철 노선이 계획되어 있습니다.

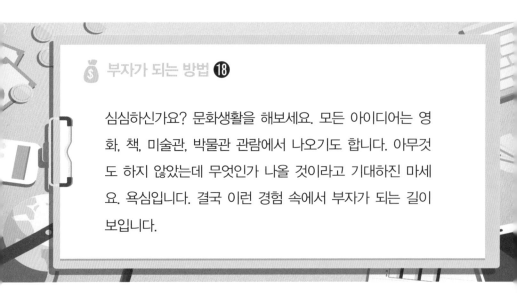

💰 **부자가 되는 방법 ⑱**

심심하신가요? 문화생활을 해보세요. 모든 아이디어는 영화, 책, 미술관, 박물관 관람에서 나오기도 합니다. 아무것도 하지 않았는데 무엇인가 나올 것이라고 기대하진 마세요. 욕심입니다. 결국 이런 경험 속에서 부자가 되는 길이 보입니다.

익숙 투자 – 소규모 물류창고, 공장으로 적합한 용인, 이천, 안성

익숙한 지역을 노려라

'익숙 투자'라는 말을 지어낸 동기가 있습니다. 익숙 투자는 자신이 경험한 지역을 중심으로 투자를 하는 것을 말합니다. 얼마 전까지 필자는 동생과 이천에서 사업을 했습니다. 중국에서 대나무로 된 가구를 수입해서 팔았습니다. 온라인 G마켓, 옥션, 11번가, 쿠팡, 위메프, 티몬 등에 올려서 팔았습니다. 직접 브랜드를 만들고 특허를 내고 설계를 해서 중국 공장에 생산을 의뢰해서 컨테이너에 실어서 배로 부산항에 입항하면 컨테이너로 이천의 창고에 보관을 합니다. 이 가구들의 사진을 찍고 디자인을 해서 온라인에 주문을 받아서 택배로 배송을 합니다.

이때 물류 창고의 중요성을 알았습니다. 처음에는 창고의 월세 때문에 안성시 고삼면에서 사업을 했습니다. KGB택배 대리점의 남는 창고를 얻어서 하다가 물량이 점점 늘어나 여러 가지 관리상의 문제가 생겼습니다. 자금이 많이 없어서 저렴한 월세의 창고를 얻었는데, 안성의 창고는 몇 개의 창고가 모여 있기 때문에 컨테이너가 들어올 때 비상이 걸렸습니다. 40피트 컨테이너 차량은 크기가 커서 웬만한 곳은 차가 들어오질 못합니다. 그 차가 들어오는 창고는 최소한 2차선 대로변에 있어야 해서 월 임대료가 비쌉니다. 또한 겨울에는 눈 때문에 어려움이 있고, 여름에는 비로 인한 습기 때문에 창고 임대업도 생각해야 할 것이 많습니다.

용인은 대규모 아파트 단지들이 많고, 땅 가격도 비싸서 창고 임대업을 하기에는 어려움이 있습니다. 지금도 용인 동부 지역은 가능합니다. 하지만 이런 지역은 차라리 단독 대지나 다세대 단지로 개발해서 분양을 노려보는 것이 좋습니다. 용인은 인구밀접 지역이므로 인력을 구하기가 쉽습니다.

용인의 양지면과 원삼면, 백암면쪽에는 가격이 저렴한 토지들이 많습니다. 이 지역의 창고 임대료는 평당 2만원~2만 5000원 정도입니다. 100평의 창고를 짓는다고 하면 토지 250평 건폐율 40%는 100평입니다.

평당 50만원이면 1억 2500만원+1억 7000만원(100평×170만원:창고건물) = 총 2억 9500만원에 농지 전용허가비 공시지가 30%×250평

예를 들어 공시지가가 평당 20만원이면

(20만원×30%=6만원×250평=1500만원+토목설계비 1만원

×250평 = 250만원)=1750만원

312,500,000+등기비+건축물 준공허가비 등등 3억 5000만원

이 들었다면 3억 5000만원의 이자 4%=1600만원

정리해 보면 다음과 같습니다.

땅값 (250평×50만원) : 125,000,000원

건축비(100평×170만원) : 170,000,000원

허가비(농지 기준) : 17,500,000원

준공허가, 등기, 기타 : 37,500,000원

임대수익(평당 2만 5000원×100평×12개월) : 30,000,000원

3억 5000만원 이자(이자율 4%) : 14,000,000원

자신의 돈이 2억이 있다면 나머지 1억 5000만원 대출.

대출이자 4% 가정 시 600만원

임대수익 30,000,000원 − 이자 6,000,000원=2400만원 수익

2억을 투자하면 연 12% 정도 수익률이 납니다.

물론 숫자를 가지고 노는 일은 현장에 따라서 얼마든지 바뀔 수 있습니다. 처음부터 모든 경우의 수를 염두에 두고 사업을 하거나, 토지에 투자하기는 현실적으로 불가능합니다. 이런 고민 없이 이천에 가면 5

억 하는 창고를 사서 임대를 주면 월 200만원, 연 2400만원의 임대료가 발생합니다. 물론 관리하면서 생기는 어려움은 많이 발생합니다. 비가 샌다, 물이 안 나온다, 수도가 얼었다, 대문이 좁아서 차가 드나들 수 없다 등등 이런 머리 아픈 일들을 싫어하는 분들이라면 오히려 토지를 사서 되파는 방법으로 돈을 벌 수 있습니다.

땅 투자의 가능성은 늘 열려 있다

토지 투자는 철저히 가능성에 하는 것입니다. 확률적으로 어떤 개발계획이 생길 가능성이 높은 지역에 투자하는 것입니다. 남이천 IC 근처의 영일 목장은 이명박 전 대통령의 형 이상득 씨가 땅을 구입해서 보유하고 있는 곳입니다. 우연인지 필연인지 박근혜 정부 시절에 남이천 IC가 뚫려 땅값이 수직 상승하여 지금은 평당 400만원이 넘는 땅이 되었다고 합니다. 중부고속도로 IC 하나 들어왔을 뿐인데 이렇게 땅값이 오르는 것은 필자의 머리로도 이해하기는 어렵습니다.

땅 투자의 좋은 점은 예측이 불가능하다는 점입니다. 아파트, 오피스텔, 빌라, 상가 등은 예측이 가능하지만, 유독 땅은 예측이 불가능합니다. 개발계획을 다 알려주면 투기가 일어나기 때문에 알려주지 않습니다. 전문가는 그동안의 경험과 지식 노하우를 합쳐서 지역을 분석하고 투자처를 골라냅니다. 신도 아니고 점쟁이도 아닌데 족집게 과외선생처럼 어떻게 알아낼까요?

전문가에게는 정보를 물어다 주는 많은 전문가들이 있습니다. 처음부터 그런 것은 아니지만 같은 일을 오래 하다 보면 자연스럽게 생기는 현상입니다. 전문가는 그런 정보들과 자신의 경험을 더해서 새로운 정보를 만들어 냅니다. 이 정보들의 정확성이 높아지면 어떤 경지에 오르게 됩니다. 낚시꾼이 물속에 돌아다니는 고기들의 종류를 알듯이 토지 전문가도 배후에 숨겨진 보이지 않는 정보들을 알아냅니다.

> 어느 한 지역에 지목은 전이며 용도지역은 농업 진흥지역으로 경지 정리가 잘되어 농업 경영에 이용되고 있었다. 이곳에 전철 역세권이 입지하게 된다면 역세권 개발의 방향에 따라 상업지역, 주거지역, 녹지지역, 공업지역 중 하나로 용도가 변경될 것이다.
>
> - 〈2014-2018 부동산 투자의 로드맵〉 중에서

이러한 현상이 우연일까요? 현장에 다녀보면 이런 일들은 정말 많이 벌어집니다. 즉 이런 확률에 도전하면 투자로 돈 버는 일이 어렵지 않습니다.

필자가 일했던 이천시 마장면만 해도 온라인 쇼핑의 11번가, 쿠팡 등 그 주위가 물류단지로 바뀌었습니다. 오프라인 상점보다 홈쇼핑이나 온라인 쇼핑의 매출비중이 점점 늘어나고 있습니다. 이런 사실로 미루어 볼 때 서울에서 떨어진 지역이라 할지라도 온라인 주문과 택배로 모든 쇼핑이 가능하기 때문에 사통팔달 교통이 좋고, 땅 가격이 싼 지역에 창고 임대업은 아직도 투자하기에 좋은 지역입니다.

용인, 이천, 안성에서의 땅 투자의 맥

　용인, 이천, 안성에는 논, 밭, 창고, 공장, 주거지역, 아파트가 많이 있습니다. 투자자들이 밟고 있는 현장의 땅은 어떤 식으로든 개발을 해서 수익을 올리거나 되팔아서 양도차익을 남기게 해야 합니다. 좋은 땅이 되는 땅을 찾아야 합니다. 이건 경험에서 옵니다.

　외지인이 땅을 보러 가면 현지인과는 철저히 대립적인 위치에 서게 됩니다. 당연히 투기자라고 색안경을 끼고 보면 필요한 정보를 주지 않습니다. 10년에 한번 꼭 물이 넘치는 땅이 있습니다. 과연 땅을 파는 사람이나 주변 사람들이 이 사실을 알려줄까요? 또 공인중개사는 알려줄까요? 절대 알려주지 않습니다. 자신이 모르는 지역은 공부만으로 되지는 않습니다. 자주 방문하고 관심을 가지다 보면 새로운 지역이 발견되고, 땅을 어떻게 개발해야 하는지 그림이 그려집니다.

　대부분의 땅 관련 책이 밝혀진 정보를 나열해서 페이지를 채우는데 급급합니다. 이곳에 공장, 창고, 상가,다세대, 다가구, 원룸 등 어떤 수익성 있는 건축물을 지어야 하는지 알려주지 않습니다. 실제 살아보면 교통 등 여러 가지 장단점을 알 수 있습니다. 대규모 아파트 단지가 없는 곳은 대중교통 즉 버스, 지하철, 기차, 고속도로 등 여건이 좋지 않습니다. 이런 여건들이 좋아지려면 대규모 택지 개발을 하든지 아니면 산업단지가 들어와야 합니다. 보통 절대 농지가 대표적으로 많은 이천과

안성도 개발 압력이 생깁니다. 서울에서 가깝기 때문입니다.

이 지역은 소규모 창고, 공장, 다세대, 원룸으로 방향을 바꾸면 답이 보입니다. 이천도 물류 단지들이 생기면서 원룸 등이 많이 지어지고 있습니다. 교통이 좋지 않아 먼 외지에서 출퇴근하기 어려운 직장인을 노린 수요들이 늘 존재합니다. 하지만 미리 많은 돈을 투자해서 건축할 필요는 없습니다. 주변의 수요를 감안해서 차츰 개발을 해도 늦지 않습니다. 돈을 가지고 있으면 투자할 지역은 널려 있습니다. 개발 계획도 끊임없이 발표됩니다. 고속도로나 KTX역세권 등이 늘어나서 전국이 2시간 생활권이 됩니다. 문화적인 혜택도 지방이나 수도권이 별로 차이가 나지 않습니다. 모든 정보는 실시간으로 공유됩니다.

앞으로 이 지역에서 개발의 가능성을 본다면 남측 지역인 용인시 남사면 주변입니다. 주변에 평택 LG전자나 동탄의 발전과 더불어 땅값의 상승이 예상되는 지역입니다. 또 원삼면이나 백암면은 저평가된 지역입니다. 이천시의 호법면이나 마장면 주변의 땅들은 여전히 좋습니다. 원룸도 좋고 창고나 공장도 괜찮습니다. 안성은 고삼저수지, 금광저수지 등 경치가 좋은 곳에 전원주택지가 좋습니다. 지역별 특색을 감안해서 땅에 대한 투자를 해야 합니다.

땅이 나오면 땅을 느껴보세요. 땅의 이야기를 들어보세요. 땅의 미래를 상상해 보세요. 땅을 아이라고 생각해 보세요. 땅에 아무런 느낌이 없다면 투자를 하지 마세요. 분명한 길이 보일 때 투자를 하시길 바랍니다.

개구리 투자 – 항만과 산업단지가 들어오는 평택, 당진, 서산

평택, 당진, 서산의 투자 메리트

올 초에 평택에 대해서 브리핑을 많이 들었습니다. 평택은 삼성전자, LG전자, 미군부대, 대규모 아파트 계획지구인 화양, 고덕, 소사벌, 송담 등 전 지역이 개발지가 아닌 곳이 없습니다. 서울의 강남 기획부동산에서 얼마나 브리핑을 하는지, 현지에서 나오는 땅은 돌아서면 팔립니다. 개구리 투자는 산업단지가 산재한 지역에 생각하지도 못한 곳에 청개구리처럼 투자한다는 뜻입니다.

필자도 블로그를 통해 연락이 오는 고객을 데리고 수십 차례 다녀오기도 하고, 개별적인 투자 분석과 공부 때문에 50번이 넘게 평택을 다녀왔습니다. 다들 좋은 것은 알겠는데 땅값이 너무 올랐다고 푸념을 합니다. 2016년 대비 100%가 오른 땅들이 허다합니다. 작년에 평택을 돌아다니며 투자를 하려고 생각을 했던 사람들이 가격이 너무 많이 오르니까 넋을 놓고 바라보기도 했습니다.

평택항 포승국가 산업단지 전경

왜 이런 현상들이 생길까요?

1 개발을 많이 하고 있습니다.

희곡리 포승지구와 장수리 현덕지구 등 주변이 개발되니, 그 중간에 있는 신영리도 당연히 많은 투자자들의 관심을 받고 있습니다.

2 강남의 기획부동산들이 브리핑을 하면 전국에 소문이 납니다.

멀리 지방의 포항, 울산, 대구, 대전, 전주, 순천, 광양, 여수, 목포, 광주에서 활동 중인 기획부동산에 그 소문이 알려지고 전국에서 평택을 찾아옵니다.

3 평택에 땅을 가진 지주들이 보상을 받아서 그 주변의 땅을 다시 삽니다.

이런 현상이 나비효과 때문인지 평택의 고덕지구 삼성전자 공장 오픈을 계기로 더욱 탄력을 받는 모습입니다. 땅은 한정되어 있습니다. 수요자들이 계속 다니면서 바람을 일으키니 덩달아 부동산들도 꿈에 부풉니다. 이런 도미노 현상으로 관심이 없던 이들도 관심이 생깁니다.

여기서 조심해야 할 일이 있습니다. 과연 평택의 땅이 정상적인 가격으로 거래되고 있을까요? 절대 아닙니다. 원주민에게서 부동산을 거쳐 투자자에게 가는 경우는 거의 없습니다. 현지에서 이장이나 **똠방이**(공인중개사자격증은 없지만 그 지역에서 부동산에 대한 정보를 가지고 부동산에 정보를 주거나 직거래를 성사시키는 무자격 부동산업자들. 수수료를 챙기기 위해 땅 가격을 올려서 팔기도 합니다) 부풀리고, 현지 부동산에서 부풀리고, 그 땅이 돌면서 또한 차례 부풀려지고, 최종 마케팅 단계에서 부풀려져서 1.5~2배에 거래됩니다. 기획부동산에 들어가면 3~4배는 무조건 올려서 파는 이런 실정입니다.

지방에서 올라온 투자자는 땅에 대한 말도 많고 탈도 많은 곳이 평택이라고 했습니다. 원래 개발 예정지 주변은 늘 요란합니다. 개발이 된다, 안 된다, 보상금이 적다 등등 이건 전후의 사정을 보면 개발지에 속한 땅도 있고, 투자 대비 수익을 보는 땅도 있고, 손해를 보는 땅도 있습니다. 부동산에서 중개수수료만 붙인 땅은 괜찮지만 '업'을 해서 판 땅

이나, 기획부동산 땅은 손해를 볼 수 있으니 주의해야 합니다.

경매가 아니라 땅 투자에 미래가 있다

평택과 마주보는 항구가 아산만과 당진항입니다. 서해선복선전철이 지나는 곳이 당진의 합덕역입니다. 14년 전부터 필자는 아파트나 빌라, 다세대, 다가구 등 경매를 하러 전국을 찾아 다녔습니다. 평택역 인근과 화성, 서산, 당진을 다녔었습니다. 그때 차라리 땅에 대한 공부를 하고 투자자금을 모으고 투자를 했더라면 하는 후회와 미련이 남습니다.

경매로 돈을 벌었다는 책을 읽고 강의를 듣고 돈을 벌겠다고 전국을 쫓아다니는 것을 생각하니 한숨만 나옵니다. 지금처럼 땅을 알고 투자자를 모으고 마케팅을 하고 조직을 만들어서 투자를 했더라면 훨씬 더 빠른 시간에 경제적 자유를 얻었을 것입니다.

고속도로나 철도, 전철, 항만 등 좋은 곳은 너무 많습니다. 한 지역을 알기에도 부족한 시간입니다. 여기도 좋고 저기도 좋다는 식으로 여러 우물을 파다가 제대로 된 우물은 파보지도 못합니다.

이미 당진과 서산에는 산업단지가 많이 있고 현재도 공사 중인 곳이 많습니다. 땅을 사려니 돈이 없고 돈을 준비하니 땅값이 오릅니다. 투자자 여러분이 마음만 먹으면 인터넷에 웬만한 정보는 다 있습니다. 단지 경험이 없어서 제대로 분석을 못할 뿐입니다.

계획관리지역의 전, 답, 임야, 과수원을 사야 된다는 것도 이미 알고

있습니다. 농업진흥지구의 전, 답은 특별한 경우만 아니면 사지 않아야
한다는 것도 알고 있습니다(현재 건축물이 없는 토지로써 개발이 가능
한 땅은 계획관리지역, 생산관리지역, 자연녹지지역의 전, 답, 과수원,
임야입니다. 가능한 건축물의 종류는 책 마지막에 있는 표를 참고하면
됩니다. 농업진흥구역 안의 전, 답은 1차적 목적 즉 농사를 짓는 용도로
만 이용이 가능합니다. 농업보호구역 안의 전, 답에는 일반 주택 건축
이 가능합니다. 농업진흥구역은 농업보호구역으로 개발이 어려운 땅
이므로 초보투자들이 투자하기에는 어렵습니다). 특별한 경우는 역세
권이나 대규모 지구단위 계획으로 택지개발지구로 지정이 되는 것입
니다. 이런 지역은 아무 곳이나 되지 않습니다. 수도권에 가깝거나, 대
규모 산업단지 근처나 역세권 근처가 됩니다. 교통이 좋거나 일자리가
있는 곳이 사람들이 모이는 곳입니다.

서산, 당진은 장기 호흡으로 가면 된다

서산, 당진은 장기 투자로 가더라도 꾸준히 땅값이 오를 지역입니다.
이곳 주변에 계속해서 산업단지가 들어옵니다. 항만이 있고, 고속도로
가 있고, 철도가 들어옵니다. KTX 천안아산역 주변은 10년 전과 비교
하여 산업단지와 아파트와 오피스텔 등이 '천지개벽'을 했습니다.

그 주변이 개발되면 그 땅은 같이 오릅니다. 누군가는 그 땅을 사서
무엇인가 개발을 하려고 합니다. 투자자라면 네이버나 다음 지도를 끼

고 살아야 합니다. 눈만 뜨면 지도를 보면서 상상을 해야 합니다.

지금은 서해선 시대입니다. 미국과의 교역 때는 남해안의 항구들이 계속해서 발전했습니다. 울산, 부산, 거제, 광양, 여수의 항구들에 돈이 몰렸습니다. 하지만 누가 뭐라고 해도 앞으로는 중국, 동남아, 인도의 시대입니다.

부자가 되는 방법 ⑳

'생활의 달인'이란 프로그램이 있습니다. 모든 달인들의 공통점이 있습니다. 노력은 기본이고, 반드시 자신의 눈으로 어떤 원리를 찾아냅니다. 달인은 원리를 발견한 사람입니다. 부자의 길도 자신만의 원리를 발견하면 됩니다. 처음에는 벤치마킹하겠지만 알파고처럼 진화해야 합니다.

05

여유 투자 – 바이오와 제약사가 밀집한 청주, 오송, 대전

중부고속도로를 이용하면서 변화를 목격하다

필자의 고향은 하동입니다. 1년에 15회 이상 고향을 내려갑니다. 서울의 동북부에 살기 때문에 주로 중부고속도로로 이천-안성-음성-진천-오창-청주-대전의 경로를 따라 내려갑니다. 이 지역의 발전을 누구보다 잘 알고 있습니다.

작년 추석 때입니다. 고속도로가 너무 막힌다는 소식에 용인을 통해 17번 국도를 타고 내려가다가 깜짝 놀랐습니다. 오창에서 청주-세종시에 이르는 도로는 왕복 6차선 이상이고, 주변에 대단위 아파트단지들이 서울을 능가할 정도로 빽빽하게 들어서 있었습니다. 이곳의 땅값은 이미 오를 대로 올랐지만 도심을 약간만 벗어나면 아직도 개발할 곳이 많이 있습니다.

필자의 친구도 이곳에서 건축자재 창고를 하고 있는데 그곳에 형님이 건축자재 사업으로 돈을 벌어서 오창 휴게소 인근의 창고를 샀다고 합니다. 지금은 창고의 평당 가격이 많이 올랐다고 즐거워했습니다.

싫거나 좋거나 대한민국은 땅이 돈을 벌어줍니다. 사업을 해서 돈을 버는 것은 한계가 분명하고, 직원을 많이 쓰면 머리 아픈 일도 많고 신경 쓰이는 일이 한두 가지가 아닙니다. 또 대부분은 세금으로 내야 합니다. 물론 땅도 단기 차익은 40~50% 가까이가 세금입니다. 2년이 지나야 일반과세(사업용은 6~40%, 비사업용은 16~50%, 차등과세)로 떨어져서 돈을 벌기는 쉽지 않습니다.

충청도의 산업단지 유치 전략은 놀랍습니다. 대한민국을 먹여 살리는 좋은 기업들을 많이 유치했습니다. 싼 땅값과 지자체장의 노력, 교통의 결실이 어울어진 합작품입니다. 충청도는 기업체 유치에 사활을 걸었습니다. 더불어 가까이 세종시에 정부기관이 들어오면서 여러 가지 편리한 점이 많아졌기 때문입니다.

스스로 투자지도를 그리자

스스로 투자지도를 그릴 줄 알아야 합니다. 눈을 감고 다른 사람을 상대로 1~2시간은 문제없이 브리핑을 할 수 있어야 합니다. 앞서 소개한 곳이 필자가 분석하고 추천하는 지역입니다. 물론 좋은 땅들은 얼마든지 많습니다. 동해안 양양-강릉-삼척도 땅 가격이 꾸준히 상승하고 있다고 합니다. 이 책을 읽는 독자들은 지역 공부를 하기 위해서 필자의 경험을 익혀둘 필요가 있습니다.

필자도 처음부터 많은 것을 알았던 것은 아닙니다. 수없이 많은 상담과 실전 경험을 거쳐서 실력을 갖추게 되었습니다. 경부축에 밀려서 중부축은 아직은 낙후되어 있습니다. 중부축은 지하철이나 KTX가 지나가지 않습니다. 이 주변은 주거지의 역할보다는 공장이나 창고 등이 어울리는 땅입니다. 주변의 창고나 공장은 사업을 하려는 사람에게 임대를 주면 좋습니다.

인구 절벽으로 인해 향후 빈집이 더욱 늘어난다고 봅니다. 지금 벌어지고 있는 아파트 분양 열기는 5년 내에 사라질 위기입니다. 일본의 경우 악성 빈집이 320만채라고 합니다. 고령화가 진행되고 있는 시골의 마을들은 공동화 유령화가 시작되고 있습니다. 우리나라도 10년 이내에 이런 현상들이 발생합니다. 수도권에서 멀리 떨어진 곳이나 교통이 좋지 않은 지역은 아무도 살지 않는 마을로 변합니다. 그곳에 땅을 가지고 있다면 앞으로 10년 이내에 정리하고 도시 근처로 이사를 하는 것도 좋습니다. 30년 뒤 사라질 지자체 상위 10곳을 검색해서 참고해 보면 알 수 있습니다.

병원과 쇼핑시설, 문화시설, KTX역사, 전철역이 없는 지역은 1차 타깃이 됩니다. 당장은 아무일 없지만, 내가 태어났던 하동을 가 보아도 서서히 고령화의 그늘이 드리워지고 있습니다. 인구가 줄어들면 직원을 구할 수 없는 산업단지는 폐쇄됩니다. 인건비가 싼 지역으로 공장이 이전하는 바람에 공동화된 경주의 자동차부품공장이나, 구미의 전자산업단지, 일감이 없는 군산의 조선소의 사례를 통해서 익히 알고 있습니다.

4차산업시대의 땅 투자

4차산업사회는 기존의 많은 공장들이 문을 닫고 새로운 일자리가 생겨납니다. AI(인공지능), 3D프린터, 드론, 자율주행차 등 우리가 생각하지 못했던 세계가 펼쳐지고 기존의 질서는 파괴되고 재조립됩니다. 지금 반도체나 휴대폰에 들어가는 반도체, 주문형 반도체가 활황입니다. 4차산업이 시작되고 있음을 반증합니다.

고령화에 따른 바이오나 의학산업도 날개를 달게 됩니다. 4차산업 고령화사회에서 각광받을 지역이 어디인지 살펴볼 필요가 있습니다. 필자가 유망하다고 분석해 놓은 대부분의 지역들이 이런 4차산업혁명에 주도적인 역할을 하게 될 것입니다.

거제는 거대한 조선산업 단지입니다. 거제시는 조선업 종사자로 인해서 먹고살았습니다. 그러나 경기 불황이 장기화되고 배를 건조하는 주문이 줄어들고 수익성이 악화되자, 조선소의 일자리가 사라졌습니다. 필자의 친구들도 거제에서 수도권으로 일자리를 찾아 나서거나 다른 직종으로 갈아탔습니다. 거제, 창원, 울산 등의 경기가 어려워진 이유입니다. 이런 지역의 투자는 신중해야 합니다. 이 지역은 출산율도 점점 떨어진다고 합니다.

반면에 새로 뜨는 사업인 IT, 드론, BT, 반도체, 3D프린터 등 사업을 주도하는 수원-화성-평택-천안, 아산, 오송, 청주 지역의 땅값은 고공행진입니다. 앞으로 KTX 역세권도 주목해볼 필요가 있습니다. 서울에서 1시간 30분 이내의 거리에 있는 역세권 주변은 세컨드 하우스로서도 인기가 오를 것입니다.

수도권급행철도(GTX)의 경우 A노선은 운정~동탄, B노선은 송도~청량리, C노선은 의정부~금정입니다. 아직은 확정이 아니고 결정된 사실은 없습니다. 이 노선에서 땅 투자와 관련이 있는 지역은 파주, 용인, 동탄 정도입니다. 발표가 된다면 역세권 주변 땅은 폭등할 가능성이 있습니다.

땅은 땅으로 보아서는 안 됩니다. 시대의 변화에 따라서 생각을 바꿔야 합니다. 3차산업시대와 4차산업시대는 모든 업종에서 변화가 일어납니다. 지금까지 우리가 생각하지 못했던 곳에서 일자리가 생깁니다. 자율주행을 위한 소프트웨어 프로그래밍은 지금까지는 없던 직업입니다. 땅도 공간이란 의미가 사라질 수 있습니다.

땅이 팔리지 않는다면 땅을 파는 100가지 방법을 생각해 내고 실행해 보세요. 책을 내고 마케팅을 하는 과정도 마찬가지입니다. 마케팅은 상품만 다르지 비슷합니다. 절박한 심정으로 구한다면 분명 얻을 수 있습니다. 부자도 목마른 사람이 우물을 찾듯 해야 합니다.

원칙 투자 – 행정복합 중심도시 영원한 테마 세종시, 공주시

행정중심 복합도시의 미래를 읽다

2004년도에 행정중심복합도시가 되기 전 공주 지역에 답사를 다녔습니다. 그때는 공부가 되지 않아 땅을 볼 수 있는 안목도 없었습니다. 그때 땅에 투자하지 않은 것이 후회됩니다. 작년에 오창을 거쳐 세종시를 보면서 앞으로 많은 발전이 되겠다는 생각을 했습니다.

세종시 주변의 땅은 세종시, 청주시, 대전, 공주까지 연계해서 봐야 그림이 그려집니다. 주변에는 KTX 오송역, 대전역, KTX 공주역이 있습니다. 이 주변에서 교통과 주거 입지적으로 역세권에 투자를 하려면 기본계획수립 전후가 가장 좋습니다. 이때가 부동산 고수들이 투자를 고려하는 시점입니다. 이 시점은 기대수익이 매우 높지만, 아직 확정되지 않은 계획은 그만큼 위험이 따릅니다.

세종시와 공주, 대전은 대한민국의 중심에 위치한 도시로서 교통과 행정의 중심도시입니다. 이 지역은 KTX가 전국적으로 확산된다면 1시간 이내에 어디든지 갈 수 있는 도시입니다. 올해 필자의 이모도 부산에서 세종시로 집을 옮겼습니다. 딸과 사위가 교사와 공무원으로 이곳에서 근무하게 되었기 때문입니다. 필자의 처형네도 대전정부종합청사에서 근무를 하다 퇴직을 했기 때문에 정부기관 근처는 교통이나 문화, 교육이 빨리 발전된다는 사실을 알고 있습니다. 그 이유로 행정중심복합도시인 세종시는 빠른 시간 내에 발전이 되리라는 기대를 하게 되었습니다.

2017년 9월 현재 세종시는 불편한 도시임에 틀림없습니다. 아직까지는 쇼핑이나 레저, 문화, 스포츠, 상가, 음식점 등이 부족합니다. 오히려 이런 사실 때문에 빠른 속도로 변화될 예정입니다. 몇 개월 만에 새로운 도로가 건설되고 있어 네비를 업그레이드하지 않으면 길을 찾을 수 없을 지경입니다.

땅은 언제나 불확실합니다. 도시도 끊임없이 변화를 겪고 있는데 아직 개발이 되지 않는 땅은 두말할 필요도 없습니다. 자가용을 타고 지나가는 도시와 며칠이라도 머무는 도시는 느낌이 다릅니다. 필자는 서울에 살고 있습니다. 그것도 한 집에 19년을 살았습니다. 오랜 시간을 살고 있어도 그 변화를 가늠하기는 어렵습니다. 주변을 보면 어느새 변화되고 있지만 아주 미묘한 변화들이라 눈으로 가늠하기는 어렵습니다.

개발되지 않는 땅의 변화를 눈치챈다는 것은 땅에 대한 관심이 아주 많은 고수가 아니면 어렵습니다. 제일 먼저 눈에 띄는 것은 교통의 변화입니다. 도로가 건설되는 곳은 필연적으로 땅값 상승을 겪게 됩니다. 또한 기차나 전철, KTX가 새로 생기는 지역의 땅값은 폭등합니다. 2~3배는 기본이고 5~6배도 오릅니다.

이런 곳에 투자해본 사람만이 그 느낌을 압니다. 첫 삽을 뜨면 오르고, 건축물의 모습이 보이면 오르고, 준공되면 오릅니다. 그 이후에도 끊임없이 변화를 겪게 됩니다. 우리가 돈을 벌지 못하는 이유는 분명합니다. 땅을 볼 줄 아는 안목이 없어서 입니다. 또한 투자해서 수익을 낸 경험도 전무합니다. 이럴 때는 사기꾼의 말에 쉽게 현혹됩니다. 몇 번의 투자금을 까먹고 경험이 쌓이면서 실력이 늘어나지만, 이제는 투자금이 없어서 투자를 못합니다.

현재 현지 부동산 중개업소의 이야기에 의하면 세종시는 KTX 역세권 빼고는 다 있다고 이야기합니다. 2011년 잠실에서 세종시로 내려간 지인은 땅 중개로 돈을 많이 벌었다고합니다. 요즘도 투자자의 문의로 눈코 뜰 새 없이 바쁘다고 이야기를 했습니다. 현재 투자가치가 있는 땅은 평당 100만원~160만원, 비싼 곳은 300만원이 넘는다고 합니다.

땅 투자 고수의 세계

땅 투자의 세계는 비정합니다. 내가 살고 상대가 죽어야 합니다. 돈 되는 땅을 누구는 사고 누구는 팝니다. 어느 판단이 옳다고 볼 수 없습니다. 그냥 운에 맡깁니다. 필자는 많은 땅부자를 만났지만 정답은 알 수 없었습니다. 그때 자신만의 매매 기준이 필요합니다.

한번의 실수도 허용되지 않습니다. 칼을 예리하게 갈고 무술을 연마해서 한 방에 급소를 노려야 합니다. 땅에 대한 영업과 마케팅 컨설팅을 하면서 이런 사례들은 수없이 많이 접합니다. 투자자는 현지 사정을 모릅니다. 현지에 가보면 모두 한통속이 되어 돌아갑니다. 그 속에서 은밀히 오가는 정보는 공유하지 않습니다.

어디를 가든 원주인을 만나 부동산 중개수수료만 주고 땅을 거래한다는 것은 하늘의 별 따기입니다. 만약에 그렇게 하는 부동산이 있다면 뭔가 문제가 있는 땅임에 틀림없습니다. 급등하는 개발지의 땅들이 대개 그렇습니다.

하지만 평택의 땅이 아무리 좋다고 해도 비싸게 사면 아무 소용이 없습니다. 세종시의 땅이 아무리 좋아도 역시 마찬가지입니다. 너무 소문난 잔치에는 먹을 것이 없습니다. 대한민국에 좋은 땅은 널리고 널려 있습니다. 거주가 아니라 투자의 목적이라면 여러분의 관심 여부에 따라서 얼마든지 찾아지는 것이 땅이란 놈입니다.

땅 가격을 '업' 하는 것은 기본입니다

몇 개월 전에 블로그에 시골 땅을 팔려고 내놓았습니다. 등기부등본에 어머님의 주소가 노출되어 있었습니다. 외지 사람들은 땅 주소와 블로그 운영자가 누구인지 알아보면 됩니다. 또한 몇 군데 가격을 알아보면 땅 가격도 쉽게 확인이 가능합니다. 인정작업(고객이 팔아달라는 금액이 있는데, 그 금액 이상으로 팔리면 중개사가 가져갑니다. 얼마 이상은 인정해준다는 뜻으로 이것을 인정작업이라 합니다.)

금액, '업'한 금액, 똠방의 수수료 등 기획부동산의 터무니없는 가격을 피하려면 직접 소유자를 만나 계약을 하면 됩니다. 이것도 소문나지 않는 지역에 해당됩니다. 과연 전국에 그런 곳이 있을까요? 그래도 진실과 마주해야 합니다.

지역마다 그런 곳이 있습니다. 그런 곳은 자신의 발로 발굴하지 않으면 어느 누구도 알려주지 않습니다. 단지 필자는 고기를 잡는 방법을 알려줄 뿐입니다. 필자가 전국을 다 돌아다니며 이런 모든 정보를 캐내기엔 시간이 부족하고 비용도 너무 많이 듭니다.

세종시와 공주, 대전은 계속해서 개발계획이 발표됩니다. 얼마 전에 서울-세종 간 고속도로 건설이 발표되었습니다. 서울에서 세종으로, 혹은 세종에서 서울로 다니기는 편해집니다. 그만큼 투자자의 관심도 커집니다. 발품을 팔고 머리를 굴리고 현장을 다녀보세요. 현장에 많은

게 있습니다. 교통의 편리함이 주는 장점은 명확합니다. 직접 자신의 차로 발로 다녀봐야 그 이점을 압니다.

현재 세종시도 투기과열지구와 투기지역으로 묶였습니다. 그만큼 전국에서 '핫'한 지역이라는 반증입니다. 앞으로 아파트나 주택은 이런 정책의 영향을 피부로 느낍니다. 그러나 땅은 아직 묶이지 않았습니다. 정부의 정책은 나의 주머니와 밀접한 연관이 있습니다.

💰 부자가 되는 방법 ㉒

정부의 정책 목표는 현재든 미래든 '일자리 창출'입니다. 복지는 곧 일자리입니다. 일자리가 든든하면 서민들의 걱정은 줄어듭니다. 일자리가 많이 생기는 곳이 투자의 대상입니다. 즉 산업단지 근처가 제일 좋은 투자처입니다. 도로가 흘러 고속으로 지나가는 곳은 좋은 투자처가 아닙니다. 차가 멈추고 사람이 머무는 곳이 좋은 투자처가 됩니다.

거북이 투자 - 남해 산업벨트 진주, 사천, 남해, 하동, 광양

사천항공산업단지 근처에 투자하라

최근에 뉴스에 오르내리는 기사 KAI(한국항공우주산업주식회사)에 대한 내용을 모르는 분은 없을 겁니다. 사천항공산업단지 인근도 땅 투자로 유망한 곳인데 이번 KAI의 불법행위로 인한 조사로 인해서 사업이 타격을 받을 수 있지만, 장기적인 개발의 계획상 사건 하나로 인해 사업이 무산되지는 않습니다. 오히려 가격이 주춤할 때를 기회로 삼아서 매수하면 다음 기회를 볼 수 있습니다.

이 지역은 남해안 산업단지가 있습니다. 항공산업으로 진주와 사천은 도약을 꿈꾸고 있습니다. 초음속 고등훈련기와 경공격기의 수출이 원활하게 된다면 이 지역에는 부품산업단지와 대학교, 교육기관이 계속해서 입주하게 됩니다.

산업단지라 유동인구가 많은 것으로 생각되지만, 배후에 아파트 등 주거단지가 있는 경우에는 산업단지에 종사하는 직원들이 차를 가지고 출퇴근만 하기 때문에 외진 도로의 경우 유령도로가 되어 불법자동차주차 등 우범 지역으로 바뀔 우려도 있습니다. 이럴 때는 산업단지가 조성되고 입주가 된 후 사람들이 어떻게 움직이는지 그 상황을 지켜보면서 땅을 사든 건축을 해도 늦지 않습니다.

하지만 뭐든 기대 심리가 클 때 땅도 오르고 건물 가격도 오르게 됩니다. 그래서 확정이 되고 사실 확인이 된 다음에는 그것을 근거로 가격이 책정되기 때문에 큰 수익을 기대하기는 힘듭니다. 땅에 대한 고수들은 뭔가 확정되지 않고 기대감이 클 때 일반 개미 투자자에게 땅을 팔고 나오는 전략을 취합니다.

물론 이런 지역은 전원주택이나 귀촌, 귀농을 위한 땅으로 어울리지 않습니다. 이 지역에 투자를 하기 위해서는 반드시 장기로 생각해야 합니다. 10~20년을 두고 보면 땅값이 오르지 않는 지역이 있을까요? '기회비용'이란 말을 합니다. 같은 투자금으로 A라는 지역은 3년 뒤에 6배의 수익률을 올릴 수 있고, B라는 지역은 3배 정도의 수익률을 올릴 수 있다면 어디에 투자를 할까요? 같은 투자라도 오르는 폭이 문제입니다.

대부분의 투자자들은 자신이 거주하는 지역이나 잘 아는 지역에 투자하기가 쉽습니다. 그러면 큰 수익은 올리기가 힘듭니다. 자신이 실제 거주하지 않거나, 아는 지역이 아니라도 공부와 관심이 있으면 충분히 극복할 수는 있습니다.

거리가 먼 곳의 땅 투자는 조심하자

　하동과 남해 사이에 남해대교가 있습니다. 이순신 장군의 노량해전으로 역사에 남아 있는 곳입니다. 남해 바다의 경치에 취해서 머문다면 좋은 투자처를 놓치고 말겠지요. 남해라는 섬의 특징상 외지인에 대한 텃세가 심해 토지나 건물을 사고팔기 힘듭니다. 그곳의 현지 부동산에 휘둘리기 쉽고 인정작업으로 쉽게 거래도 하기 힘들죠. 이 지역에 관심을 가지면서 뭔가 이슈가 생기면 그때 투자를 해도 됩니다.

하동군 금성면 광양제철 맞은편

　하동은 섬진강과 지리산을 끼고 있어 귀촌, 귀농하는 실거주 목적으로 땅을 구입하는 경우가 많습니다. 꼭 농사를 지을 목적이 아니더라도 도회지에서 하고 있던 일을 시골로 옮겨 놓으면 훌륭한 사업이 됩니다. 이 지역은 접근 방법을 달리 해야 합니다. 곧 바로 몇 배의 수익이 되는 지역은 분명 아닙니다.

남해와 하동은 다른 지역에 비해서 땅값이 크게 오른 지역이 아닙니다. 하동군 금성면 갈사리 일대가 해양플랜트 유치를 해서 오래 전부터 지자체에서 공을 들였지만 유치하지 못하고 있습니다. 워낙 조선 산업의 경기가 좋지 못한 탓입니다. 조선업을 하고 있는 기업들도 하나둘 구조조정을 하고 있는 판입니다.

아직까지 이 지역은 어떤 개발도 확정되지 않았지만, 바다를 끼고 있어서 언제 무엇이 되든 이상할 것이 없는 땅입니다. 근처에는 광양 제철이 자리잡고 있어서 땅값이 비싼 광양보다는 하동으로 소규모 공장들이 넘어올 가능성이 있습니다.

광양, 하동의 투자 노하우

통영의 '남해의 봄날'이란 출판사도 서울에서 귀촌하여 성공적으로 정착한 케이스입니다. 출판사에서 서점과 하루쯤 묵어갈 수 있는 숙박 시설도 운영하고 있습니다. 이런 수익 사업을 한다면 시골도 경쟁력이 충분합니다.

필자도 하동읍에서 화개에 이어지는 섬진강이 보이는 곳의 땅을 사서 펜션을 짓고, 책 쓰기 교실을 운영하면 좋은 비즈니스 모델이 되리라는 생각도 해보았습니다. 땅 가격이 20~30만원 정도라면 200~300평의 땅을 사서 건축을 해도 땅값 5000만원, 60평 정도 건축비 2억, 기타비용 2000만원 정도 해서 총 2~3억 정도면 충분히 투자해볼 만하다는 생각입니다.

재첩과 다슬기를 잡아서 액기스로 만들어 파는 친구도 있고, 농산물을 도시에 직거래 형태로 유통하는 친구도 있습니다. 벌꿀, 매실, 대봉감, 고사리 등을 1차 가공해서 상품을 만들어 파는 친구들도 있습니다. 산업단지가 들어올 가능성이 별로 없는 곳은 전원마을, 펜션, 콘도, 휴양지 등 여러 가지 아이디어를 낸다면 충분히 가능성이 있어 보였습니다.

광양은 1980년대 제철소가 들어오면서 땅 가격이 한 차례 광풍이 불정도로 올라갔습니다. 그 시절에 기억나는 이야기입니다. 그랜저에 삽이나 괭이를 싣고 다니며 농사를 짓는 분들이 토지 보상을 받은 광양의 어민과 농민들이라는 이야기가 돌았을 정도였습니다. 이런 재미를 맛본 투자자들은 땅으로 돈을 번다는 사실을 누구보다 잘 알고 있습니다. 그들은 늘 촉을 세우고 어디에 투자를 할지 눈여겨보고 있는 사람들입니다.

원래부터 이 지역에 관심을 가지고 돈이 되는 땅을 아는 사람들은 결과적으로 비법을 알아냅니다. 우리가 처한 위치나 상황에 따라서 얼마든지 부자가 될 수 있습니다. 오히려 지역에는 특수성이 있기 때문에 잘 아는 투자자들은 괜찮은 땅을 골라서 투자를 하고 있습니다.

부자가 되는 방법 ㉓

우리는 정말 단순합니다. 조금만 복잡하면 생각하기를 싫어합니다. 그러다가 머릿속이 하얗게 되고 판단이 흐려집니다. 판단이 곤란하고 두렵다면 숨을 천천히 들이마시고 내쉬어 보세요. 불안이 줄어들고 차분한 판단을 하게 됩니다. 부동산을 계약할 때가 그럴 때입니다.

5장 [실전]

성공은 매수 후
보유, 관리, 매도에
달려 있다

밀양에서 장기 보유와 토지 이용으로 투자원칙을 찾다

실거주 장기투자로 부자가 되다

필자가 어린 시절부터 친척은 시골에서 농사를 지었습니다. 그 시절은 밥을 먹고사는 일도 만만치 않았습니다. 시골에서 농사만 지어서는 먹고 살기도 빠듯했죠. 때문에 어머니도 시골 5일장에서 건어물과 과일, 일용품 등을 팔았습니다. 멸치, 새우, 오징어포, 김 등은 며칠을 두어도 변질되거나 상하는 일이 없어 재고 부담도 적었습니다. 그래서 그 업종을 택한 것이라 했습니다. 그 당시는 시골에도 인구가 많고 아이들이 많았기 때문에 장사가 그럭저럭 되어서 우리는 도회지에 있는 학교에 갈 수 있었습니다. 장사를 하고 농사를 지어 돈이 생기면 약간의 땅을 사곤 했던 부모님이 어렴풋이 생각납니다.

이후 필자에게 바람처럼 흘러 전해지는 일들이 남의 일 같지 않았습니다. 누구는 도회지에 가서 장사를 해서 한몫 잡아 잘살거나 혹은 부동산 투자를 해서 집을 몇 채 가졌다거나 혹은 주변에 아파트 단지가 들어와서 가지고 있는 건물 가격이 10배도 넘게 오르는 일이 다반사였습니다.

많은 사람들이 '나만 왜 지독히 운이 없을까'라고 신세 한탄을 합니다. 그건 세상의 80%는 늘 따라다니는 세상의 태풍 속에 있기 때문입니다. 잔잔하고 고요한 날보다 산다는 것이 태풍 속에 던져져 있기 때문입니다. 그 원인은 지나친 욕심에 있습니다. 절대적인 숫자로 보면 과거보다 훨씬 물질적으로 잘살지만 주변에 자신보다 잘사는 사람이 너무 많습니다. 그렇기에 그 욕심이 쉽사리 버려지지 않습니다. 그냥 인정하면 되는 일을 필자와 여러 독자분들은 잘 안 됩니다. 그래도 땅에 대해 공부하고 집중하는 순간에는 기회가 생깁니다. 황금알을 낳는 거위를 손에 쥘 수 있습니다.

자! 돌아가서, 형편이 도무지 나아질 것 같지 않았던 그 친척이 어느 순간 자리를 잡더니 조금씩 일이 풀리기 시작했습니다. 밀양의 어느 시장에서 건강원을 해서 먹고사는 문제에서 벗어날 수 있었습니다. 건강에 대한 관심이 높고, 외국산이 밀려드는 시절에 믿을 수 있는 원료로 건강식품을 만들어 파는 일로 쏠쏠하게 재미를 보게 된 겁니다.

황금알을 낳는 거위는 지속적으로 돈이 나오는 부동산을 가지거나 시스템을 만드는 일입니다. 누구는 책을 써서 인세를 받는 일이고, 누구는 강의를 하고 강사료를 받는 일입니다. 그 외에 노동력을 제공하고 월급이나 일당을 받는 일입니다.

10년도 더 전에 그 친척집에 갔을 때 넓은 과수원 한가운데 자리잡고 있는 집이 조금은 썰렁하고 뭔가 부족해 보였지만, 한편으로는 경치가 좋고 도시인데 시골처럼 아늑해 보였습니다. 드디어 오랜 어둠이 걷히고 빛이 들어오는 그런 느낌을 받았습니다. 밀양 신공항이 들어선다는 이야기에 땅값은 급격하게 오르기 시작했습니다. 시간이 흘러 고령인구가 늘어나 은퇴자가 거리에 넘쳐나게 되었고, 도시의 주변에 경치 좋고 전원생활 하기 좋은 땅들의 가격 움직였습니다. 그곳도 예외는 아니었습니다. 산 아래 조용하고 주택들이 별로 없어 전원주택 단지로 인기가 높아가던 즈음, 일부를 쪼개서 은퇴한 교장선생님께 팔아서 목돈을 갖게 되었고 월세가 나오는 창고를 매입해서 노후대비를 했습니다.

인생지사 새옹지마

'쥐구멍에도 볕 들 날이 있다'는 그분을 이야기하는 것 같습니다. 지금 남아 있는 땅도 가격이 많이 올라 있는 상태라고 합니다. 보통 사람이 평생에 한번도 만져 보지 못할 돈을 투자가 아닌 일반적인 방법으로 벌게 되었습니다. 땅은 정직합니다. 땅은 이용하고 활용하는 대로 혹은 오랜 기간 묵히거나 기다리면 충분히 돈을 벌어줍니다.

사자마자 가격이 오르고 몇 배 남기고 되팔아서 차익을 재투자해서 부자가 되기도 하지만, 이분처럼 보유하다 보면 분명 좋은 기회가 오기도 합니다. 땅은 사람을 살리기도 합니다. 어려운 사람에게 큰 기회가 되기도 합니다. '무릎에 사서 어깨에 팔라'는 주식 격언이 있습니다. 부동산에서 어디가 무릎이고 어디가 어깨일까요? 땅값이 오른다고 내일이면 시장을 닫고 거래가 끊어지지 않습니다. 그래서 본인이 판단해야 합니다.

부동산은 주식과 달리 매매할 때마다 취득세, 복비(중개수수료), 양도차익에 대한 양도세를 부담해야 합니다. 자주 심심풀이로 투자할 수는 없습니다. 국가는 6~50%를 세금으로 가져가고 실패했다고 위로하거나 보상해주지 않습니다. 기계적으로 수금해갑니다. 더군다나 1년 이내에 단기적인 차익을 노리고 투자하면 높은 세금을 매깁니다.

초심자의 행운이나 불운이 발생하기 쉽습니다. 주식시장은 실시간으로 움직이고 실시간으로 손실과 수익의 확인이 가능합니다. 땅은 어떤가요? 실시간은 커녕 내가 확인하기 전까지는 아무도 알려주지 않습니다. 잘된 투자인지 사기 당한 투자인지 확인도 어렵습니다.

땅은 느리게 가는 곳과 빠르게 가는 곳이 있습니다. 느리게 가는 곳은 투자의 목적보다는 실사용 목적이어야 합니다. 이런 곳에 투자를 한다고 생각하고 샀다가는 빠져나오지도 못하는 늪이 됩니다. 개발지 인근에는 거주보다는 투자의 목적이어야 합니다. 변화가 너무 빨라서 따라잡기가 힘듭니다. 초심자일수록 개발지 근처에 투자를 해야 합니다. 일단 환금성, 즉 팔기가 쉬워야 합니다.

삼성전자 주식을 IMF에 사서 20년간 보유했다면 87.25배가 되어 있을 겁니다. 장기투자의 위력입니다. 그런데 아무도 그렇게는 못합니다. 누가 내일 일도 알 수 없는데 20년을 기다린다는 말인가요? 하지만 부동산으로는 가능합니다. 왜냐하면 수익이 나오고, 그 수익으로 시간을 견딜 수 있기 때문입니다.

이분을 통해서 하고 싶은 이야기는 현실이 어렵다고 해도 지금 하고 있는 일에 최선을 다하면 언젠가는 좋은 일이 생기더라는 것입니다. 당장 원하는 부자가 되지 못하더라도 최악의 상황을 견딘다면 분명 희망이 보입니다. 가끔 뉴스에 나오는 잘못된 선택을 하는 사람들이 최악이라서 그런 것은 아닙니다. 투자의 원칙은 인내입니다.

💰 부자가 되는 방법 ❷❹

영어를 알기 위해서는 단어를 많이 알아야 하듯이 땅에 투자하기 위해서는 땅에 관련된 용어를 많이 알아야 합니다. 또한 많이 들어야 합니다. 〈9등급 꼴찌, 1년 만에 통역사된 비법〉이라는 책을 읽어보면 영화 한 편을 선택해서 100번을 듣는 게 비법입니다. 땅에 대한 공부도 그렇게 해보세요.

저평가된 땅만 매수 후
메뚜기 투자로 **투자의 길을 찾다**

안중역세권 인근 투자로 부자가 되다

메뚜기 투자자를 직접 만난 것은 아닙니다. 필자가 그의 통장을 열어본 것도 아니지만, 들어보면 그럴 듯한 이야기를 했습니다. 물론 조금 부풀릴 수 있지만 거짓말을 하는 것은 아니었습니다. 평택의 안중역세권에 투자를 했다고 합니다. 역이 들어서는 지역은 누구나 알 수 있는 곳입니다. 서해안 복선전철노선은 경기도 송산에서 충남 홍성까지 이어지는 전철과 화물기차의 복합노선입니다.

주변은 산업단지와 평택항이 있어서 지하철뿐만 아니라 화물기차도 운행을 합니다. 역세권은 어디를 막론하고 투자가치가 충분합니다. 이 지역의 땅을 평땅 30~40만원에 사서 약 210만원에 팔고 나왔다고 합니다. 5000만원으로 6배를 벌고 나온 셈입니다.

그곳에서 재미를 본 그는 평택시 포승읍 신영리의 땅인 평택항에서 먼 위쪽의 농지를 50만원에 3필지를 샀다고 합니다. 이곳도 계속 가격이 올라가고 있는 중입니다. 자금의 부담 때문에 기획부동산에 절반 정도는 팔고 나머지는 더 오르면 팔고 나올 예정이라고 했습니다.

메뚜기처럼 가격이 싼 지역을 이곳저곳 뛰면서 투자를 한다고 합니다. 그곳의 땅에 컨설팅을 하고 있는 필자보다 더 실력이 뛰어나 보였습니다. 그런데 왜 부동산은 하지 않냐고 물어보았더니 시간 들이고 머리 아프게 왜 그런 일을 하냐고 되려 제게 물었습니다. 사실 어느 정도 투자금만 있으면 나도 머리 아프게 땅을 팔려고 하지는 않을 겁니다. 평택을 다녀보니 돈 벌 곳은 널려 있습니다. 단기간에 세금이 무서워서 그렇지 2년 이상 세금이 낮아질 때까지 기다리면 돈은 법니다.

얼마 전에 평택시 신영리에 토지이용계획확인서상 전, 즉 밭인데 현황상은 오래된 낡은 건물이 있고, 대지가 된 농지를 직거래로 매매하는 일을 컨설팅하였습니다. 이전 매매는 읍사무소 담당자로부터 원상복구를 조건으로 농취증(농업취득자격증명서)을 발급받고 등기를 했다고 합니다. 그런데 현황상 건물이 있기 때문에 굳이 농취증이 필요 없을 텐데(농사를 짓지 않는 땅이므로), 이후 다시 매매를 진행하다 보니 등기에 어려움이 생겼습니다. 관할 읍사무소 담당자는 농취증을 발급해 줄 수 없다고 했습니다. 우여곡절 끝에 '농취증을 발급을 반려하는 사유'로 등기를 했습니다. 현장에서는 이런 일들이 생깁니다. 이론과 현실이 다른, 즉 일반인들은 모르는 일들이 생깁니다. 그래서 특히 초보자들은 주의해야 합니다.

개발지의 땅을 사려고 한다면 가격적인 부분을 잘 살펴보아야 합니다. 중개공동망에 올라온 땅들은 악성매물일 수 있고, 금액이 부풀려져서 비싸게 살 수도 있습니다. 이때는 최대한 원매도자나 혹은 원매도자의 의뢰를 받은 중개사를 찾아서 계약해야 인정작업이나 가격 부풀리기 작업에 걸려들지 않을 수 있습니다.

현장 투자고수의 땅 투자 방법

메뚜기투자의 고수는 땅에 대해서 모르는 것이 없었습니다. 그가 기획부동산의 회장들에게 땅을 파는 것을 보면 분명 기획부동산에서 일했다는 것을 알 수 있습니다. 일반인은 그런 방법을 알지는 못합니다. 또 되는 지역을 골라내는 능력입니다. 아무 지역이나 투자를 해서는 안 됩니다. 되는 지역만 됩니다. 그 지역에 대해 해박한 지식이 없다면 곤란합니다.

직거래를 하는 메뚜기들은 이 지역 사정에 훤한 사람들이 많습니다. 지주들과 친분 관계도 있고 마을 이장이나 똠방 등 어느 정도 커뮤니티를 형성하고 있어야 이런 직거래가 가능하기 때문입니다. 시간이 없는 외지인은 이런 파악이 불가능합니다. 고향의 시골 마을에는 똠방을 하고 있는 사람들이 있습니다. 오랫동안 정착을 하며 친분관계를 쌓아왔기 때문에 동네의 돌아가는 사정이나 땅 가격, 땅을 파는 것까지 잘 압니다. 그 동네에서는 부동산보다 더 잘 알고 있습니다.

투자를 하려는 생각을 가진 사람이라면 한곳을 깊게 오랫동안 파야 합니다. 다른 사람보다 더 좋은 정보를 찾아 나서야 됩니다. 그냥 가만히 앉아서 주는 정보만으로 만족하다 보면 늘 제자리입니다. 고객 중에 열심히 공부하고 스스로 찾아다니는 아줌마 그룹이 있습니다. 강남 선릉에서 땅에 대한 강의를 한다고 했더니 세 사람이 찾아왔습니다. 지목, 용도지역, 건축행위허가, 토지분할, 농업진흥구역, 지구단위계획 등에 대해 1시간 정도 이야기를 해주었습니다. 관심도 많고 여러 가지 질문도 했습니다.

그중의 한 아주머니는 용산에 빌라를 전세로 돌리고 여유자금을 합쳐서 2억 5000만원의 투자금이 있다고 했습니다. 교육을 마치고 답사를 갈 수 있냐고 물어왔습니다. 그 다음주에 세 아주머니와 함께 평택 신영리에 제가 근무하는 부동산에 갔습니다. 가면서 이야기를 나누어 보았습니다. 한 분은 아파트, 빌라 등 5채를 가지고 있다가 그 지역의 느낌이 좋지 않아서 급히 빌라 2채를 팔고 나왔다고 합니다. 그때 팔지 않았으면 투자 수익이 많이 줄어들었을 거라며 자신은 부동산과 잘 맞는다고 했습니다.

투자의 성공은 집중력에 달려 있다

어느 누구도 흡족하게 많은 자금을 가지고 시작하지 않습니다. 결국 자금을 어떻게 하든 마련하고 공부를 하고 경험을 쌓으면서 실전의 세계에 뛰어들어야 합니다. 3~5년 시간이 흐르면 지식과 경험이 쌓입니다. 어느 누구도 넘볼 수 없는 그런 위치에 서게 됩니다. 그때 땅을 중개하거나 컨설팅을 할 수도 있고, 책을 쓰거나, 강의를 하고 코칭도 할 수 있습니다. 지식을 잘 파악하고 관리하다 보면 분명 부자가 되는 길은 멀리 있지 않습니다.

혹 부자가 되는 비법이 따로 있다고 믿습니까. 여기 있는 모든 지식은 현장의 경험과 투자 노하우입니다. 현장에 다니다 보면 아까운 땅, 좋은 땅들이 많이 보입니다. 돌아서면 돈이 될 땅들입니다.

투자는 사람을 잘 만나야 합니다. 매도자를 잘 만나야 하고 중개사를 잘 만나야 합니다. 땅이 돈을 벌어주지만 결국 사람이 하는 일입니다. 사람이 마음에 들지 않으면 땅을 사지 않습니다. 소개자나 컨설턴트나 기획부동산의 직원일지라도 고객의 이익을 위해 욕심을 버리는 사람이 있습니다. 땅 투자는 좋은 사람을 조직하고 만나는 작업입니다. 의심이 너무 많거나, 아주 생각 없이 저지르는 사람은 만나지 말아야 합니다. 그의 마이너스적 에너지가 일을 망칩니다. 모든 것은 책임입니다. 책임을 지고자 하는 사람은 눈에 보입니다.

땅을 보는 순간 땅의 미래가 보여야 합니다. 흔히 상상력이 풍부해야 합니다. 아무런 느낌이 없거나 한마디로 '필(feel)'이 느껴지지 않으면 돈을 벌지 못합니다. 땅을 사고 1년 이내에 대부분은 승부가 납니다. 그 때까지 아무런 변화도 없으면 장기전이 될 가능성이 있습니다. 살 때는 신중해야 하고 팔 때는 과감해야 합니다. 판단을 미루다가 기회를 놓치는 일들이 종종 생깁니다.

이런 투자의 성공은 어려운 일은 아닙니다. 누구라도 현장에서 경험이 쌓이고 부동산에 관심을 가지면 가능한 일입니다. 단지 최대의 적은 자신입니다. 투자 자금이 없다, 아는 것이 없다, 인맥이 없다, 경험이 없다는 평계이며 극복 가능합니다. 태어날 때부터 주어지는 운명적인 것은 없습니다.

이후 메뚜기투자 고수와는 연락이 끊겼습니다. 아마 지금도 현장에서 먹이를 찾아 어슬렁거리고 있을 것입니다. 사람이든 동물이든 갑자기 자신의 터전을 떠나서는 살 수 없습니다. 방향을 정했으면 밀어붙이면 됩니다. 방향이 잘못되면 키를 돌리면 됩니다. 언제나 맞는 선택이란 없습니다.

💰 부자가 되는 방법 ㉕

투자의 세계에서 완벽한 전문가는 없습니다. 전문가인 척하는 건지 아니면 어떤 목적이 있는 건지 구별할 줄 알아야 합니다. 경험상 지금까지 보고 듣고 느낀 주식/경매/부동산 시장의 고수, 선수 전문가들은 거의 대부분이 아닌 걸로 판단되었습니다. 그런 허황된 거짓 선생에 자신의 시간과 재산을 맡기지 말기를 바랍니다.

강남에서 평택 땅 중개와 매매로 성공한 지인 이야기

평택에서 땅 투자로 성공한 지인 이야기

그는 강남의 부동산에서 평택의 땅을 팔면서 10년 넘게 일하고 있습니다. 자신이 브리핑을 하고 다니니까 평택에 대해서 누구보다 잘 알고 있습니다. 여러 가지 정보를 접하면서 평택의 화양지구와 안중역세권 인근의 땅을 사놓았습니다. 평택의 화양지구는 택지개발 지구로써 곧 보상이 되고 사업이 진행될 예정입니다. 운 좋게 그는 길 옆 근린상가 위치를 환지방식으로 받았습니다. 알고 그런 것이 아니고 우연히 그렇게 된 것입니다.

또 한곳은 안중역세권의 땅인데 기획부동산에서 제법 비싸게 샀는데 1년이 지난 지금 그 땅도 원금을 회복했습니다. 그 땅 역시 역세권에서 500미터 정도 떨어져 있어서 안중역사가 완공되고 나면 가격이 많이 오를 수 있습니다. 땅은 없어지지 않습니다. 주식은 휴지조각이 되더라도 땅은 계속 남아 있습니다. 그 친구는 여전히 돈이 생기면 땅을 삽니다. 땅이 돈이 된다는 사실을 누구보다 잘 알고 있습니다.

그는 인상이 푸근하고 부드러워 같이 일하는 아주머니들에게 인기가 좋습니다. 돈을 벌면 잘 쓰기도 합니다. 부동산으로 돈을 버는 것도 인간관계를 어떻게 하느냐에 따라서 달라집니다.

같은 사무실에 근무하는 홍 실장도 기획에 다니면서 기획이 아닌 1층 부동산을 통해 당진의 합덕역 근처에 땅을 사두었습니다. 지금은 3배가 올라서 매도 시점을 고민하고 있습니다. 땅을 중개하는 부동산에 일하는 사람들은 땅을 많이 삽니다. 자의든 타의든 땅을 살 수밖에 없는 분위기에 있기 때문입니다.

대부분의 투자자는 땅을 쉽게 사지 못합니다. 땅에 어떤 위험이 도사리고 있는지 모르기 때문입니다. 아파트나, 빌라 오피스텔, 상가가 안전하다고 생각합니다. 사실 '노 리스크 노 마진'입니다. 위험이 없으면 누구나 투자를 하기 때문에 투자가치가 별로 없습니다.

개미군단들이 뛰어들어 땅 가격이 폭등하기 시작하면 매도를 생각해야 합니다. 이게 오를 대로 올랐다는 신호입니다. 그런데 평택의 삼성전자가 들어온 고덕지구의 상업지는 땅 가격이 평당 4500만원을 넘어간다고 합니다. 지역적인 이야기라면 할 말이 없습니다. 주변에 보면 땅을 샀는데 오르지 않아서 제법 오랜 시간을 고민하는 사람도 있습니다. 땅에 정답이 있는 것은 아닙니다. 오히려 답이 없기 때문에 매도하려는 사람이 생깁니다. 땅은 매도의 기술입니다. 우리가 아는 것은 단지 호가일 뿐입니다. 실제 사고파는 가격이 아닙니다. 단지 희망 가격입니다.

투자자든 중개자든 알면 도움이 된다

블로그를 하면 마케팅이 된다는 것은 누구나 압니다. 그러나 누구나 하지 못합니다. 끈기가 있어야 합니다. 확신이 있어야 합니다. 누구나 땅을 팔거나 땅을 사서 돈을 벌지 못합니다. 기술이 있고 확신이 있고 끈기가 있어야 합니다.

필자가 땅의 세계에 입문한 것은 필연인 것 같습니다. 무슨 일을 해도 나는 땅을 사서 건물을 짓고 돈을 벌겠다는 이야기를 자주 하고 다녔습니다. 사람은 어떤 이야기를 자주 하고 다니느냐에 따라서 삶이 결정됩니다. 매일 죽는 이야기만 하고 다니는 사람은 곧 죽음을 맞이합니다. 매일 싸우는 이야기를 하고 다니는 사람은 곧 싸움에 휘말립니다.

매일 땅을 사서 돈을 버는 이야기를 하고 다니는 사람은 돈을 법니다. 그 사람이 매일 생각하는 것이 무엇이냐에 따라서 삶이 결정됩니다. 제임스 앨런이 쓴 〈생각의 지혜〉라는 책을 읽어보면 그런 이야기들입니다. 지금부터라도 땅을 사서 돈 버는 이야기를 자주 하고 다니세요.

지금은 SNS와 소통의 시대입니다. 마케팅을 위해서도 블로그나 카페, 페이스북, 카톡, 카스, 밴드 등으로 소통하는 시대입니다. 이런 방법을 모르면 어떤 일이나 영업을 하든 다른 사람과 차별화되기 어렵습니다. 땅을 매매하기 위해서도 판매자나 구매자는 인터넷이나 스마트폰으로 검색을 잘해야 합니다. 그 속에서 좋은 매물을 찾아낼 수 있습니다. 누구든 그런 마케팅 방법을 알고 싶어 하지만 쉽게 배울 수는 없습니다. 그 기술이 경쟁력이 되기 때문에 가르쳐주지 않습니다.

필자는 15년간 영업의 현장에 있었습니다. 수없이 많은 책을 읽고 여러 가지 방법들을 연구했습니다. 강남의 지인은 단 한가지 방법으로 영업을 합니다. 그래도 늘 실적이 좋습니다. 그는 아파트 분양을 받기 위해 줄을 선 사람들에게 명함을 주는 것이 영업비결이라고 했습니다. 그렇게 연락이 온 고객들을 관리해서 지금도 꾸준히 계약을 하고 있습니다. 또 친근감 있는 그의 말과 사교성이 좋은 실적을 가져왔다고 생각합니다.

〈카네기 인간관계론〉을 읽어보세요. 땅에 투자하고 싶은 사람이든 땅을 소개하는 사람이든 누구든 인간관계론을 안다면 더 좋은 실적을 올릴 수 있습니다. 더 좋은 방법을 찾아내고 실제 행동으로 옮긴다면 원하는 것을 얻을 수 있습니다.

제주도와 파주 LCD단지 인근의
땅을 사서 부자 된 중고차 딜러

제주도 토지 투자로 부자가 된 중고차 딜러

지금부터 10여년 전에 중고차 딜러를 하면서 만난 후배의 이야기입니다. 그는 그의 친구와 함께 가양동에 있는 강남의 C매매상사에 들어왔습니다. 몇 년간 함께 동고동락했지만 중고차 시장이 어려워지면서 그는 사촌형이 일하는 구리의 중고화물차를 파는 일을 하러 갔습니다.

그는 오래전에 스킨스쿠버를 하는 형을 따라 제주도에 갔다가 괜찮은 땅이 나왔다는 이야기를 들었다고 합니다. 제주도 주민인 지인이 연세가 들어 농사 짓기 어려워 땅을 내놨다고 해서 어머니에게 돈을 빌려 그냥 묻어두는 셈치고 그 땅을 사두었다고 합니다. 세월이 흘러 2013년쯤에 중고화물차를 매입하러 제주도에 가보니 땅값이 많이 올랐다고 했습니다. 또한 사촌형과 제주도에 있는 오피스텔 3채를 계약하고,

연 임대료까지 받아왔다면서 자랑을 했습니다.

이후 중국인 관광객이 제주도에 쏟아져 들어오자 오피스텔 가격이 2배로 올랐다고 합니다. 주변에 국제 영어학교가 있어 임대수요도 충분하고 앞으로 가격이 많이 오르겠다고 기대감에 부풀어 있었습니다.

그 즈음에 여동생 부부가 제주도 해안가 근처의 땅에 펜션을 지어서 임대를 놓으면 좋겠다는 아이디어를 냈다고 합니다. 오래전 지인이 버리다시피 한 땅이 금싸라기 땅으로 변하는 순간입니다. 건축 허가를 받아서 펜션을 건축하고 나니 땅값은 한 단계 더 올랐습니다. 월 임대료도 600만원이나 된다고 했습니다. 5% 수익률을 따진다면 건물가격은 대략 14억이 넘는 금액입니다. 15년 전에 3000~4000만원을 주고 산 땅에 3억 정도의 건축비가 들어갔다면 10억 이상의 시세 차익을 남긴 것입니다. 단순하게 계산하면 30배 시세차익입니다.

현재 제주도 땅에 이런 기회는 쉽지 않습니다. 사드 영향으로 중국인 관광객이 떠나가 부동산의 인기와 가격도 주춤하고 있습니다. 하지만 앞으로 중국 관광객이 돌아와 다시 한번 좋은 시절이 올 것으로 기대를 하고 있습니다.

큰돈은 땅으로 번다

돈은 시간이 벌어줍니다. 땅이 주식처럼 매일 등락을 거듭하며 오르락내리락했다면 그 누구도 그 오랜 시간을 견디지 못합니다. 그 오랜 시간을 견딘 것은 아이러니하게 시세를 알 수 없었기 때문입니다. 누가 빨간 혹은 파란색으로 표시되는 등락에 견딜 사람은 없겠지요. 하지만 땅을 사서 10년을 견디는 것은 대부분이 할 수 있는 일입니다. 그래서 부자는 땅에서 나온다는 이야기를 합니다.

동생은 땅으로 성공했습니다. 제주도라는 멀리 떨어진 섬에 있어서 그랬는지, 아니면 끈기가 있어서 그랬는지 알 수가 없습니다. 비슷한 조건에서 저는 실패했습니다. 매일 오르내리는 시세에 신경을 썼습니다. 왜냐하면 그때 저는 코너에 몰려 있었습니다. 매달 집에 생활비를 줘야 했고, 생활비를 벌지 못하면 그에 비례해서 빚이 늘어났습니다. 가슴이 답답했고 미래는 불투명했습니다. 저는 기다릴 수 없어서 손해를 보고 결국은 팔고 말았습니다. 버텼어야 했는데 버틸 힘이 없었습니다.

그의 사촌형도 화물중고차 사업으로 돈을 까먹고 제주도 오피스텔도 팔았다고 했습니다. 생각만큼 많은 돈을 벌지 못했습니다. 사람이 코너에 몰리면 선택의 여지가 없습니다. 아무리 미래가 밝은 자산이라도 현실의 어려움을 해결하기 위해서 팔고 맙니다. 이제 느끼는지 모르겠습니다. 부동산에서 생활할 정도의 충분한 수익이 발생하지 않으면, 쉽게 하고 있는 일을 그만두면 안 됩니다. 매월 일정액의 임대료가 나오면 그만큼 버티기는 쉬워집니다.

같이 일했던 그의 친구 이야기를 잠깐 하고 가야겠습니다. 그는 화장품 대리점을 하다가 주말에 머리를 식힐 겸 정선카지노에 가서 '잭팟'을 터트렸다고 합니다. 그의 기억으로는 5억이 넘는 금액을 땄다고 합니다. 이후 그의 인생은 꼬이기 시작했습니다. 돈을 따서 돌아온 이후 틈만 나면 노름을 했습니다. 사행성 게임이나 노름에 중독이 된 것입니다.

카지노에서 딴 돈과 화장품대리점을 정리해서 가지고 있던 돈, 중고차를 사기 위한 자금까지 돈이 있다는 사실을 알고 주변 노름꾼들이 서로 짜고 모조리 빼먹었다고 합니다. 돈이 바닥나자 아는 사람에게 조금씩 빌려서 갚지 않게 되었고 결국 사기죄로 감방에 갔습니다.

어떤 선택을 하느냐에 따라서 인생이 달라진다

인생은 어떤 선택을 하느냐에 따라서 극명하게 달라집니다. 그는 제주도에 땅에 투자를 해서 수십억을 벌었고, 그 친구는 사행성 게임과 노름을 해서 패가망신을 했습니다. 젊은 시절 경험이 없을 때는 특히 신중하게 선택하고 사람도 가려서 만나야 합니다. 자신이 가진 돈만 날리는 경우는 경험이라 생각하고 다시 일어서면 되지만, 한 번 사회에 낙인 찍히면 극복이 어렵습니다.

지인의 여동생 이야기로 마무리를 짓고자 합니다. 그의 매제는 L사의 연구원으로 있다가 다른 회사로 옮겼습니다. 어찌 보면 제주도에 펜션을 지어 임대를 준 것도 이 친구의 작품입니다. 또 한 건은 파주의 LG

LCD 공장 앞에 있는 원룸 건물을 통으로 샀다고 합니다. 그곳에서 근무를 해서 주변 사정을 잘 알았기 때문입니다. 17호실이 있는 건물을 6억 5000만원에 매입했다고 합니다.

월세 30만원×17호실×12개월 = 6120만원 = 6억 5000만원 / 수익률 9.41%

현재 은행의 저축이자를 따져봐도 상당히 괜찮은 수익률로 보입니다. 물론 공실이 생기거나 수리비용이 들어간다면 이보다는 떨어지겠지만 말입니다.

그의 가족들은 부동산으로 재미를 보자 계속해서 땅과 수익형 부동산을 매입하기 시작했습니다. 그 다음은 별내신도시에 있는 상가였습니다.

월세 110만원×12개월 = 1320만원 / 투자금 1억 6000만원 /수익률 8.25%

수익형 상가와 오피스텔 원룸의 수익률이 6%를 넘어서면 좋은 투자라고 봅니다. 물론 단순하게 수익률만 계산해서 될 일은 아니지만 말입니다. 향후 자산가치가 상승할 수 있는지 다른 리스크는 없는지 꼼꼼하게 비교해보고 안전하게 투자하는 것이 좋습니다.

동생은 아울러 주식투자를 해서 돈을 제법 많이 벌었다고 합니다. 들리는 이야기는 누군가 소스를 주고 있다고 하는데 소스를 주는 사람이 누군지는 밝히지 않고 있습니다. 20년 이상 조금씩 주식 투자를 하고 있는 필자도 수익을 올리기는 쉽지 않은데, 투자나 재테크에 남보다 다른 안목이 있는 것 같습니다. 오히려 그런 점은 필자가 배우고 싶습니다.

고향에서 **똠방을 하며 돈을 번** 동네 아저씨 이야기

시골의 똠방은 정보와 돈을 쥐고 있다

　필자의 고향인 하동은 바다와 강과 산이 어우러진 소박하지만 경치가 좋고 인물이 많은 그런 곳입니다. 요즘은 뜸하지만 조영남의 노래로 유명해진 '전라도와 경상도를 가로지르는~ 화개장터'와 위로 올라가면 신라시대부터 내려오는 쌍계사라는 절과 불일폭포가 있습니다. 대한민국 사람이라면 모르는 사람이 없는 섬진강, 지리산, 아래로 내려오면 가장 아름다운 남해바다가 만나는 19번 국도가 하동입니다.

　그중에 박경리의 소설 〈토지〉의 배경이 된 길상이와 서희가 곧 나올 것 같은 평사리 마을은 필자의 외가가 있었던 곳입니다. 평사리 최참판 댁은 어린 시절에는 없었던 가상의 공간입니다. 이곳은 바위가 많고 밤나무 감나무가 있던 과수원이었습니다.

평사리앞 무디미 들판의 부부송

저 멀리 너른 평야가 무디미 들판입니다. 그곳에는 중국의 지명과 같은 규모가 작은 동정호가 있고, 근처에는 무디미 들판 가운데 어느 금슬 좋은 부부처럼 소나무가 두 그루 덩그러니 있습니다. 평사리에서 3~4km 올라간 곳이 필자가 고등학교까지 살았던 마을입니다. 늘 농사가 잘되고 산나물이나 매실, 녹차, 대봉감, 고사리 등 돈을 벌 수 있는 일거리 등이 지천입니다. 이곳도 모 전원생활 카페에 알려지기 시작하면서 땅값이 많이 상승하기 시작했습니다.

땅값의 상승은 실제 거주하며 농사를 짓는 분들에게는 바람직하지 않는 현상입니다. 현지인이 7~8만원에 내놓은 땅을 버젓이 모 카페에서는 30만원에 파는 현상이 생기기도 했습니다. 이후 서로 의심하고 인심까지 나빠져 급기야 원주민이 외지인을 밀어내는 현상까지 생기게 되었습니다.

그곳에서 30~40년 농사를 짓는 동네 뜸방 아저씨의 이야기입니다. 이분은 공식적으로 중개사 자격증은 없습니다. 하지만 주변의 시세나 땅을 팔 마케팅 대상을 선별하는 것은 누구보다 잘 알고 있습니다.

돌담 위의 맹지를 사서 길을 내고 수익을 낸다

제가 어린 시절 이 동네에서 농사가 제일 잘되고 마을의 초입에 있어서 위치도 좋고 냇가의 '보'에서 물을 끌어다 쓰기 때문에 논에 물 마를 날이 없는 제일 좋은 논은 장부자의 논이었습니다. 어릴 때 도시에 나가 돈을 많이 벌면 이 좋은 논을 사야지 하는 꿈을 꾸곤 했습니다.

그 논을 지금 이야기하는 뜸방 아저씨가 어느 날 떡 하니 사서 그곳에 창고를 높게 지어 놓았습니다. 한때 내 꿈이 창고자리로 전락하는 아쉬움은 컸습니다.

그런데 산동네에서 가진 것 없이 아랫동네에 정착한 이 뜸방 아저씨는 어떻게 제일 좋은 땅을 꿀꺽 먹은 것일까? 돌아보니 70~80년대 산업화 바람으로 학생이나 젊은 사람들은 모조리 도시의 공장이나 아파트 건설 현장, 산업 현장, 대기업으로 빠져나갔습니다. 그 사이 장부자는 직업도 없이 지내다가 돈에 쪼들리자 그 땅을 헐값에 매도했습니다. 그 땅 근처에 있는 똠방 아저씨가 모를 리 없고 급전을 빌려서라도 이 땅을 잡았을 것입니다. 이 분은 젊어서 일을 잘했고, 시골에 남아 있는 몇 안 되는 젊은 사람이었기 때문에 기회가 더 많았습니다.

시골의 똠방은 정보와 돈을 쥐고 있다

이후 근처에 나오는 땅을 직접 사기도 하고, 중간에 소개해서 소개비를 받기도 했습니다. 그렇게 하나둘 땅은 이 똠방 아저씨의 손을 거쳐 가게 되었고 그것이 쌓이자 부자가 되었습니다. 사실 큰 도시의 비싼 땅을 똠방이 사는 경우는 거의 없습니다. 강남의 기획부동산 근처에도 혹시 콩고물이나 떨어질까 기웃거리는 똠방들이 제법 많이 있습니다. 이들은 현지의 지주 작업(원 소유주와 직접 거래하는 것)을 하는 것처럼 거창하게 소개를 하지만, 대부분 부동산에 나온 매물을 현장을 다니면서 수집해 올리는 정도의 단순한 작업만 하는 사람들입니다.

누가 이들에게 돈을 주고 이런 일을 시킬까요? 기획부동산에서 프리하게 일을 시키면서 푼돈을 쥐어 주는 게 전부입니다. 이들은 악어와 악어새처럼 이해관계가 있어 공존할 수 있습니다.

실제 규모가 큰 기획부동산에는 이런 똠방의 역할을 하는 임원이나 직원들이 있습니다. 이들은 만원에 매집한 땅을 1만 3000원에 샀다고 하면서 3000원은 중간에서 가로채 갑니다. 기획에서 사장들은 이런 비리(?) 때문에 자기의 최측근에게 이런 일을 시킵니다. 기획부동산 입장에서는 이들이 땅을 잡아주는 역할이 크다 보니, 손에 꼽히는 회사의 임원들은 월 1000~2000만원은 쉽게 번다고 합니다.

다시 그 똠방 아저씨 이야기로 돌아가서, 그는 지금도 고향에서 나온 매물을 수집해서 중개를 하고 있었습니다. 얼마 전에 고향집 옆이 도로에 수용되고 남은 40평의 자투리 땅이 매물로 나왔습니다. 옆집 아주머니는 우리에게 사라고 했지만, 어머니는 지금 있는 땅도 귀찮다고 사지 않았습니다. 그 이야기가 똠방 아저씨에게 전달되었고 냉큼 그 땅을 사버렸습니다.

가만히 생각하니 그 땅은 괜찮은 땅이었습니다. 그 전에 친구가 혹시 시골에 컨테이너 하나 놓을 땅이 없냐고 물었습니다. 사실 도로에 붙어 있는 자투리 그런 땅이 딱 제격인데 놓쳤다는 생각에 아쉬웠습니다. 40평 크기에 1000만원도 안 되는 이런 땅이라면 약간의 경험이 있는 사람에게는 굉장히 좋은 땅입니다. 오늘이라도 임자만 있으면 이 땅은 2배를 받는 것도 문제는 아닙니다.

똠방은 경험이 풍부하고 많은 땅을 취급하다 보니 점점 촉이 좋아집니다. 어머니의 이야기에 의하면 도시에 아파트도 두 채 가지고 있다고 합니다. 무일푼으로 시작해서 주변의 많은 땅을 사고 집도 현대식으로 지었습니다. 오히려 좀 배웠다고 도회지에서 직장을 다니거나, 사업한다고 말아먹고 손 벌리고 다니는 사람보다 훨씬 더 알차게 살고 있는 그분의 안목이 탁월해 보입니다.

기회는 주위에 있습니다. 기회는 꼭 대도시의 개발지 근처에만 있는 게 아닙니다. 똠방이 지금까지 해왔던 여러 가지 방법들은 되짚어보면 부자가 된 사람들은 다양한 경험과 끊임없이 촉을 갈고 닦으면서 부자의 위치에 올라섰다는 것을 알 수 있습니다. 반면에 과거에는 땅 부자였지만 지금은 아닌 사람들은 오히려 절박한 게 없고 옛날 생각만 하면서 늘 변화하지 않는데, 그들의 태도에 문제가 있어 보입니다.

〈누가 내 치즈를 옮겼을까?〉라는 책이 전세계적으로 2800만부가 팔렸다고 합니다. 늘 움직이지 않고 그 자리에 있는 새는 반드시 총에 맞는다는 속담처럼 우리는 변해야 합니다.

지금은 4차산업, 자율주행차, 드론, 3D프린터 등 인공지능으로 대변되는 대혁신의 전환점에 있습니다. 땅에 대한 투자도 마찬가지입니다. 3차산업에서 4차산업으로 넘어가는 시점에 우리에게 반드시 필요한 전략과 전술은 무엇일까요? 끊임없이 자문해 보아야 합니다.

땅을 기획해서 부자가 된 평택 땅
컨설팅계의 고수

땅을 기획해서 되파는 방법

"1억만 맡겨주시면 1년 안에 50%의 수익을 되돌려드리겠습니다."

이 제안을 받아들이시겠습니까? 이런 제안을 해오는 사람이 있다면 분명 사기꾼입니다.

요즘 기획부동산은 인기가 없습니다. 오히려 컨설팅매매가 돈이 됩니다. **땅을 찍어서(지목해서) 작은 평수로 분할해서 파는 것입니다.** 마케팅은 서울의 선릉, 역삼, 삼성역 인근에서 주로 하고 있습니다. 평택의 땅 고수는 30년 넘게 뜸방, 나까마를 거쳐서 이 자리에 서 있습니다.

1층 부동산의 연 사장은 필자와 고향이 같아서 친근감이 생겼습니다. 같이 일하는 직원들과 한 가족같이 일하면서 땅 매입을 잘했습니다. 그곳은 현장에서 40년 이상 부동산을 한 부동산 중개인 사무실이었습니다. 공인중개사 제도가 시행하기 전부터 부동산업을 하고 있는 사람들을 양성화시켜준 곳이라, 지역 내에서 공인중개사처럼 계속 중개일을 할 수 있는 사람을 중개인이라고 합니다.

40년 이상 부동산 일을 한 현지 중개인과 연 사장은 손을 잡고 중개인의 오랜 단골인 지주 작업을 하고 있었습니다. 연 사장은 경험이 풍부했습니다. 일의 방식을 보면 지주에게서 땅이 나오면 계약금만 주고 찍었습니다. 잔금일은 3~4개월 정도 미루었습니다. 땅은 계획관리 지역의 보통 임야였습니다. 임야를 하는 이유는 분할이 가능하기 때문이었습니다. 평택은 20평 이상, 5회까지 분할이 가능했습니다. 원 소유주의 명의로 있을 때 토지사용승낙서를 받아서 작은 평수로 분할을 해서 팝니다.

땅이 크면 약간의 수고비만 받고, 절반 정도는 기획부동산에 넘겨서 리스크를 줄입니다. 나중에 잔금일이 되어 찍은 땅을 팔지 못하면 잔금 지급일에 쪼일까봐 그런 판단을 합니다. 때로 잔금일에 못 팔거나 잔금 마련을 못하면 토지를 담보로 대출을 받기도 합니다. 그것도 해결이 안되면 쩐주(돈을 대부해 주는 사람)의 돈을 빌려서 돌려 막기도 합니다. 가능하면 쩐주의 돈은 안 쓰는 게 상책입니다. 이자가 연 50% 정도 되기 때문에 땅을 팔아도 남는 것이 없기 때문입니다.

컨설팅매매를 했던 평택시 방림리의 땅

현재 이 땅은 기획부동산에 절반이 넘어갔고, 나머지는 일반 투자자들에게 분할을 해서 팔았습니다. 수익률은 70% 정도입니다. 여기서 취득세, 양도세, 직원들 수당으로 지급하고 나면, 나머지는 수익으로 남습니다. 대개 20~30% 정도가 수입이라고 생각하면 됩니다.

평택 신영리의 1층 부동산

컨설팅매매는 세금이 관건입니다. 명의를 넘겨받는데 취득세가 들어갑니다. 매매금액의 5% 정도라고 보면 됩니다. 다음은 양도세입니다. 법인은 33% 정도 양도세를 잡습니다. 법인은 법인을 운영하기 위해 들어간 비용을 경비로 털 수 있습니다. 이 절세가 수익률을 높이는 방법입니다.

평택 신영리 1층 부동산에는 1층에 6명, 2층에 4명 등 총 10명이 근무하고 있습니다. 월급을 받는 직원도 있고, 수당을 받은 직원도 있습니다. 평택의 땅을 찍어서 분할해서 판 이후로 연 사장은 돈을 많이 벌었다고 합니다. 가만히 보면 땅을 매수자에게 팔기 전에 지주와 부동산 매매 법인 간에 명의를 넘기기 때문에 땅 가격을 노출시키지 않으려고 그렇게 합니다.

또 법인에서 매수인으로 넘기면 세율이 낮아서 세금을 줄일 수 있습니다. 세금과 등록비를 합쳐서 33% 이내로 줄이는 것이 가능합니다. 또한 부동산 매매 법인은 필요경비를 세금에서 털 수 있기 때문에 절세도 가능합니다. 식사, 임대료, 직원들의 수당이나 급여 등을 비용으로 털어 절세가 가능합니다. 사실 선릉에 오피스텔을 깔세(보증금 없이 매월 임대료 지불)로 500만원을 주고 얻어도 손해 보는 일은 아닙니다. 임대료는 비용으로 털어버릴 수 있기 때문입니다.

수당 또한 받아가는 직원 명의로 세금을 털어버립니다. 땅을 하나 잘 찍어서 3~4개월 이내에 판매하면 이것저것 다 털고도 1~2억은 수익으로 남깁니다. 나머지는 관리의 문제입니다. 정확히 계산해보지 않아서 모르지만 판매금액의 20~30%가 순수익이 됩니다. 기획보다는 단계가 훨씬 줄어들어 땅 가격을 싸게 받아도 됩니다. 주로 기획부동산 사장이나 임원 직원 또한 기획부동산에서 브리핑을 듣고 땅 가격이 비싸서 사지 못하는 고객들이 이들에게는 손쉬운 고객입니다. 이런 길을 아는 사람은 오랜 내공을 가진 사람입니다.

지인과 나는 이곳에 몇 개월 동안 6억 5000만원 정도의 매출을 올려주었습니다. 그러면 어느 정도 수익이 발생했는지 알 것입니다. 현장에서 부동산을 하면서 기획부동산에 땅을 파는 것은 현장에서 1층 부동산만 하는 것보다는 훨씬 유리하고 위험도 적고 안정적입니다.

얼마 전에 같이 일했던 곽 상무가 현장에 부동산 중개업소를 개업했습니다. 현장은 제 발로 찾아오는 고객이 확실히 많습니다. 기획에서 오랫동안 일을 했기 때문에 누구보다 고객의 생리를 잘 알고 있습니다. 그냥 1층 부동산을 운영하는 사람은 정보 수집 능력이나 브리핑 능력이 확실히 떨어집니다. 고객은 돌고 돌다가 확실하게 궁금증을 해소해주는 부동산 사무실에서 계약을 하게 되어 있습니다. 연 사장은 여러 직원들이 뒤통수를 치는 배신을 당했고, 큰 돈을 사기를 당했지만 땅에 대한 믿음으로 지금까지 일을 해오고 있다고 했습니다.

연 사장은 평택시 포승읍 주변 정보를 장악했다

얼마 전에 블로그를 통해서 땅을 매수, 매도하는 직거래를 했습니다. 매도하는 고객이 여의도에 있는데, 여의도 어느 부동산에서 고객이 땅을 판다는 사실을 전화해서 연 사장에게 알려주었다고 했습니다. 내게 그 이야기를 하는데 놀라웠습니다.

연 사장의 정보력은 보통이 아니었습니다. 중개공동망에 올라온 매물이 아닌데도 불구하고 그의 거미줄 같은 촘촘한 정보망에 걸려든 것입니다. 현장에서는 이런 정보력이 곧 돈입니다. 다른 사람보다 좀 더 빠르게 고급정보를 가지고 있다면 돈을 버는 것은 당연합니다. 연 사장 모르게 평택의 신영리 땅을 팔 수 없겠다는 생각을 했습니다.

현재 연 사장은 5000평이나 되는 땅을 분할해서 팔고 있습니다. 전체 금액은 100억이 넘는 땅입니다. 이 땅을 팔고 나면 한 단계 도약을 하게 될 것입니다. 자신감이 붙은 것입니다. 땅에서 돈을 벌려면 사람을 많이 알아야 합니다. 어떤 일을 하려고 계획을 세웠을 때 같이 동참해 줄 사람들이 있다면 돈을 버는 일은 쉽습니다.

강남의 기획부동산도 마찬가지입니다. 그 비싼 땅을 어떻게 팔 수 있을까요? 결국은 좋은 소문이 많이 나야 합니다. 연 사장이 사무실을 평택으로 옮기는 바람에 어쩔 수 없이 근처로 사무실을 옮겼습니다. 그곳은 공주 KTX 역세권의 땅을 파는 곳이었습니다. 안타깝게 사장이 돈이 없고 주변에 좋은 사람이 없었습니다. 매일 보여지는 부정적인 모습에 지쳐서 그곳을 그만두었습니다.

연 사장은 끌리는 사람도 돈을 가진 사람도 아니지만, 부동산을 하고 있는 사람 중에는 정직하고 약속을 잘 지킵니다. 그는 이제 평택에서 기회를 만났습니다. 지금 돈을 벌어 관리만 잘하면 더 큰 규모의 사업도 할 수 있다고 봅니다. 몇 년 뒤가 기대됩니다.

6장
[경제 마인드]

땅을 사기 전에
알아야 할
경제에 관한 통찰

1400조 부채가 부메랑이
되어 돌아온다

1400조 부채의 무게

우리나라 한 해 예산은 대략 400조가 넘습니다. 단 한 푼도 쓰지 않고 현재의 가계대출은 국가 예산으로 3년이 넘는 기간을 갚아야 하는 엄청난 돈입니다. 투자자들은 부채에 대해서 너무 낙관적으로 생각합니다. 사회에서 보는 시각 또한 마찬가지입니다. 그렇다고 가볍게 생각해서는 곤란합니다. 필자도 부채를 지고 있습니다. 필자가 빚을 진 이유도 개인적인 선택이겠지만, 정부가 빚을 부추긴 측면도 있습니다. 정부는 필요에 따라 빚을 권하거나 부채를 갚게 하는 정책을 펼 수 있습니다. 우리가 선택하는 일보다 선택당하는 일이 적지 않습니다.

부채 급격히 증가 → 부동산 시장 불확실성 증가

부채 감소 → 부동산 시장 불확실성 제거

물론 부채만으로 이 모두를 판단하기는 어렵습니다. 부채가 최고점을 향해서 상승하고 있다면 투자를 멈추고 뒤를 돌아볼 기회를 가져야 합니다. 상식적으로 부채가 증가하면 대부분의 가구들은 이자를 갚느라고 가처분 소득을 줄이게 됩니다. 이런 상황이 지속되면 경제에 활력이 줄어들고 소비가 위축됩니다. 우리는 머리 위에 부채라는 무거운 짐을 지고 있습니다. 머리에 무거운 짐을 진 투자가는 가볍게 움직일 수 없습니다. 기회가 오더라도 그 기회를 바라만 보고 있어야 합니다. 필자는 현장에서 그런 기회들을 자주 봅니다. 만약 여유자금을 가지고 투자를 했더라면 많은 수익을 얻었을 텐데 안타깝습니다.

1400조원이 부메랑이 되어 돌아온다

최근까지는 DTI, LTV를 기준으로 대출을 해주었습니다. 그러다가 DSR(총부채원리금상환비율)을 적용해서 전체금융기관의 대출금액을 합산해서 갚을 능력을 보고 대출해 주는 방식으로 전환하려고 합니다. 이후 아파트 분양시장이 반응하기 시작했습니다. 이처럼 가계대출은 건설, 경기 부양과도 관련이 있습니다. 이유는 심리에 있습니다. 이자율이 낮으면 돈을 가진 사람들은 은행에 맡기는 대신에 좀 더 수익이 높은 곳으로 움직입니다. 여기까지는 누구나 알고 있는 이자율과 부채 투자와의 관계입니다.

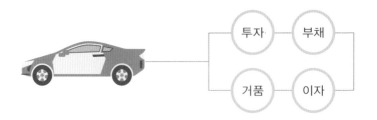

위 그림에서 보듯이 어느 한쪽의 타이어만 터져도 차는 균형을 잃고 급격히 주행하던 도로를 이탈합니다. 신문, 책, 인터넷, 뉴스를 볼 때도 땅 투자와 관련 지어서 생각해보면 의외의 결과를 얻을 수 있습니다.

1400조의 부채도 중요하지만 언제부터 대한민국 경제라는 차량의 연료가 고갈되기 시작했습니다. 소득(연료)가 크게 늘어나지 않는데 자산 가격만 상승하고 있습니다. 이 균형이 깨지면 거품이 생깁니다. 거품이라는 바퀴가 커지면 차는 직진하지 못하고 가드레일을 뚫고 낭떠러지로 추락합니다.

투자는 이런 경제라는 자동차로 볼 때 균형을 이루어 제대로 달려야 합니다. 바퀴가 균형이 맞지 않으면 어디로 갈지 짐작이 됩니다. 이자를 지불하는 시간은 금방 다가옵니다. 부채를 짊어진 가구들이 부딪치는 괴로움입니다.

부채에 대한 통찰

가계부채에 대한 '갑론을박'은 인터넷에서도 뜨겁습니다. 하지만 딱히 결론은 없습니다. 부채가 과도하다는 의견과 부채가 감내할 수 있는 수준이라는 의견이 있지만, 어떤 의견이 맞을지 아무도 모릅니다.

> 가처분소득 대비 가계부채 비율은 2012년말 133.1%에서 지난해
> 9월말 151.1%로 뛰었습니다. 소득은 제자리인데 빚은 빠른 속도
> 로 늘어난 탓입니다. 문 정부는 '소득주도 성장 정책'을 통해 가
> 계소득을 늘리는 한편 대출문턱을 높여 이 비율을 제한할 방침입
> 니다.
>
> – 동아일보 2017.5.11 기사

투자는 여유분의 소득으로 해야 합니다. 대출을 받아서 하는 투자는
위험합니다. 현재의 정부는 대출을 죄고 가계 부채를 줄이는데 주력합
니다. 부채를 늘리면 금융기관과 건설회사를 먹여살리고 건설 관련 일
자리를 창출합니다. 경기를 살리고 고용을 늘리는데 단기적 처방으로
서 가장 효과적인 정책입니다. 그럼 나머지 빚을 내서 투자를 하는 국
민들은 대다수가 희생양이 됩니다. 가장 큰 피해는 집 없는 일반 서민
들이 봅니다.

그런데 정부는 그 실패의 책임을 개인으로 돌립니다. 개인은 큰 흐름
을 읽지 못합니다. 단지 주변에서 돈을 벌었다고 하는 소리나, 소문에
투자를 합니다. 그 책임은 무겁고 엄중합니다.

저는 지금으로부터 10년 전인 30대 후반에는 대출을 받아 투자를 해
도 부동산 가격이 올라서 금방 대출금을 갚을 수 있다고 생각을 했습니
다. 그로부터 10년이 지난 지금 오히려 부채가 더 늘어났습니다.

갚을 수 있다는 낙관론이 가져온 피해는 매월 벌어들이는 수입의 1/3, 1/2까지 나간 후 적자로 돌아옵니다. 밑 빠진 독에 물 붓기로는 버티기 어렵습니다. 늘 소득에서 원리금 상환을 따져가면서 생활이 가능한지를 가늠하는 보수적인 접근이 필요합니다.

가처분 소득 대비 부채비율이 2016년 한국은 170.0%, 미국은 105.2% 일본은 141.4%입니다. 한국이 상당히 높은 수준입니다. 그 시한폭탄이 터지기 전에 소득을 올리거나 부채금액을 갚아서 적정 수준으로 내려야 합니다. 필자도 과도한 부채를 줄이기 위해 애쓰고 있습니다.

투자는 시간과의 싸움입니다. 안정적인 수익으로 생활하는데 지장이 없어야 합니다. 빚의 악순환의 고리를 끊어 버리고 소득의 선순환으로 큰 방향을 바꾸어 나가야 합니다. 시간을 견디다 보면 자연스럽게 인플레이션에 동승해서 가치가 올라갑니다. 아울러 주변지역의 개발이나 다른 투자자들의 관심으로 인해서 가격이 상승하게 됩니다.

빚을 내서 꼭 투자하고자 한다면

점점 위기는 현실이 됩니다. 2008년 금융위기는 부동산 거품의 절정에서 나왔습니다. 그때 어느 누구도 예상하지 못했습니다. IMF 이후 집값이 떨어질 수 있다는 생각도 못했습니다. 만약 그때로 돌아간다면 다시는 아파트를 대출로 사지 않을 것입니다. 그 고통을 당해보지 않은 사람은 모릅니다.

소득증가, 고용증가, 이자율추이, 카드연체, 이자연체, 주식시세, 채권이자율, 통화량 증가 등 지표들을 분석하고 투자 시 참고하세요. 투자자는 경제학자나 교수만큼 공부할 필요가 없습니다. 단지 이런 지표들을 관심 있게 보다 보면 자신만의 투자 노하우가 생깁니다.

저금리와 통화량 증가가 전세가격과 집값을 밀어올립니다. 1998년 대비 2015년 말 기준 전국 전세가 상승률은 약 255%(국민은행 통계), 같은 기간 통화량(광의통화량, M2) 증가는 251%(한국은행 통계)로 비슷한 궤도를 그립니다. 시중에 돈이 풀리면 돈의 가치가 하락하고 이를 방어하기 위해 부동산(자산)을 살 수밖에 없습니다.

-2016년 11월 21일 한국경제 부동산 증권 뉴스 중에서

이를 통해 보면 2017년 8월 2일 부동산 대책의 영향으로 현장에서도 아파트보다는 땅 투자로 많은 투자자들이 돌아서고 있습니다. 올 상반기 전국 땅값이 1.84% 오르며 9년 만에 최대폭의 상승세를 기록했습니다. 같은 기간 주택은 0.54%, 아파트는 0.42% 오르는데 그쳤습니다. 땅 투자에 관심을 가져야만 하는 이유입니다.

'전월세상한제' 도입은 아파트, 빌라, 주택의 임대소득을 떨어트려 주택 가격이 낮아질 가능성이 있습니다. 이에 대한 풍선효과로써 상업용 부동산이나 땅에 대한 투자가 늘어납니다. 대출을 해서라도 투자할

때는 해야 합니다. 빚을 내서라도 투자를 하고자 한다면 모든 환경이 갖추어졌는지 끊임없이 살펴보고 판단해 보아야 합니다. 지표들이 주는 신호들을 무시하고 투자하면 결국 그 오판에 책임은 져야 합니다.

1억 5000만원을 대출했을 때 대출금리가 2.5%라면 매월 이자만 대략 31만원이고, 30년 원리금 상환 시에는 매월 약 80만원 정도 상환을 해야 합니다. 매월 원리금균등 상환 시 80만원 정도를 갚으면서 아이들의 학원비와 생활비를 벌 자신이 있습니까? 우리는 이런 디테일한 고민을 하지 않고 대출을 하고 있습니다. 생각하지 못한 방향으로 인생이 흘러간다면 어떤 대안을 가지고 있나요? 다음 질문에 답할 수 있다면 대출을 하면 됩니다.

1 감당할 능력이 있는가?

2 고정적인 수입을 가지고 있는가?

3 담보 가치가 하락해서 은행의 대출 회수 요청이 온다면
   해결할 수 있는가?

4 언제 원금을 다 갚을 것인가?

5 만약 대출 원리금을 갚지 못해서 아파트가 경매로 넘어
   간다면 대안이 있는가?

대선정국 이후의 부동산 정책에 대한 예리한 질문

'강남 4구, 세종 투기지역 중복 지정 및 다주택자 양도세 강화 – 투기과열지구 지정 논의, 분양권전매 제한, 금융규제 강화'를 2017년 8월 2일에 발표했습니다. 투자자가 정부의 정책에 역행하기는 어렵습니다. 물론 이 지역을 조이면 분명 풍선효과가 나타납니다. 남양주, 대전 유성, 평택, 부산 등입니다. 또 정책이 시행되더라도 부자들은 부동산을 처분하지 않겠다고 합니다.

부자들은 경험이 풍부합니다. 정부의 정책을 보면서 소나기는 잠시 피했다가 잠잠해지면 다시 투자에 나섭니다. 이때 투자금이 없는 사람은 눈에 보여도 투자하기가 어렵습니다. 진정한 투자자라면 시장이 차갑게 식고 분위기가 바닥이고 더 이상 희망이 보이지 않을 때를 주목합니다.

바닥을 노리는 투자자는 너도나도 물건을 던지는 투매 현상이 나타나는 시점을 노립니다. IMF를 막 지나는 시점과 2008년 금융위기를 지나는 시점입니다. 시간적으로 오래 지속되는 타이밍이 더 좋습니다. 더욱 많은 사람들이 절망할 때입니다.

주택매매가격지수, 최종 소비재 물가지수 및 주요 정부 정책에 대한 통찰

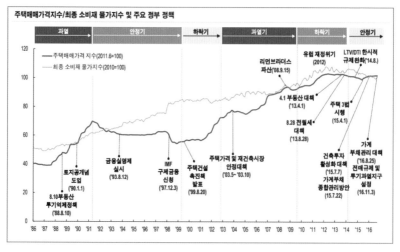

주택매매/최종 소비재 물가지수 및 주요 정부 정책

출처: 한국감정원 한국은행 NH투자 증권리서치센터

89년 8월 10일 부동산 투기 억제정책을 폈습니다. 올림픽 개최 분위기로 경제 전반에 성장이 시작되어 집값이 상승하기 시작했기 때문입니다. 88년부터 91년까지는 주택 가격이 수직으로 상승했습니다. 90년에는 최종 소비재 물가지수를 뛰어넘는 상승률을 보였습니다. 이 시기에는 지표의 골든크로스가 나타났습니다. 이때 집을 산 투자자들은 지역적 차이는 있겠지만 충분한 수익을 거뒀습니다.

91~99년까지는 금융실명제로 지하자금이 양성화되거나 더 지하로 들어가 버렸습니다. 심리적으로 위축되면서 집값이 하락하기 시작해서 지표상 계속해서 떨어졌습니다. 결국 97년 12월 3일에 IMF구제 금융을 받기 시작했습니다. 곧 집값은 급락했습니다. 집값이 떨어지니 담보 부족으로 많은 집들이 경매에 넘어갔습니다. 시장에 매도하려는 집들이 쏟아져 나오니, 시장 심리위축에 의해서 가격은 더욱더 빠지게 되었습니다.

결국 부동산이나 주식의 가치는 장기적으로 물가지수에 수렴합니다. 물가지수와 이격이 많이 벌어지면, 결국은 이격을 좁히면서 물가지수에 수렴하게 됩니다.

99년 8월 10일 정부에서는 주택건설 촉진책을 발표했습니다. 집값이 너무 하락해서 건설 경기와 내수 경기가 위축되고 일자리가 없어지는 악순환이 생겼기 때문입니다. 정부에서 가장 민감한 것이 실업률입니다. 일자리가 많아져야 서민들의 불만이 없어집니다. 99년 8월 20일 주택촉진책을 발표하지 않을 수 없었습니다. 그 이후 주택가격은 상승하기 시작했습니다.

2003년 5월~10월에는 주택가격 및 재건축시장 안정대책으로 과열화된 집값을 잡기 시작했습니다. 집값이 너무 오르면 서민들이 살기가 힘들어지기 때문입니다. 정부의 정책을 보면 대개 이런 식입니다. 오르면 끌어내리고 내리면 끌어올린다. 이런 주기를 잘 타고 투자 시기를 잡으면 됩니다.

하지만 리먼브라더스 파산(2008년 3월 15일), 이 시기까지 아파트 가격은 하늘 높은 줄 모르고 올라갔습니다. 그 시절 지인의 소개로 투자를 했지만 실패를 했습니다. 부동산에 대한 감각도 없었고, 주변에 제대로 된 전문가도 없어서, 투자 실패의 시련을 겪게 되었습니다.

주식과 마찬가지로 이 그래프를 보면 투자의 방향이 눈에 보입니다. 부동산에 투자하는 분들도 이를 참고로 해서 투자의 방향을 잡으면 됩니다. 이 그래프에서 보면 주택매매지수와 최종소비자물가지수가 하방으로 가장 격차가 벌어지는 99년 8월 20일이 투자에 가장 적합한 시기입니다. 주식시장에서는 이를 '이격도'라고 합니다. 상방으로 이격도가 커진 시점이 주택을 매도할 시점이 되는 것입니다. 하방으로 이격도가 커진 시점이 주택을 매수할 시점이 됩니다. 앞의 그래프에서 파악되는 내용이 없다면 투자에 대한 통찰을 키우고 공부를 하면서 자신만의 투자철학을 정립해야 합니다.

2015년 7월 7일 건축투자 활성화대책 시기에 주택매매 가격지수가 최종소비재 물가지수를 뚫고 올라오는 골든크로스가 발생했습니다. 이 신호를 주택구입의 매수신호로 봐야 하는지에 대해서는 분명하지 않습니다. 장기투자를 목적으로 할 때는 앞서 말했듯이 이격도가 하방으로 커진 시점을 매수 신호로 잡고 투자 방향을 설정할 때 좋은 결과를 낼 수 있습니다.

부동산은 주식처럼 단타를 치기가 쉽지 않습니다. 취득세와 양도세의 부담 때문입니다. 그래서 '단 한번의 성공'이 중요합니다. 금액이 매우 크고, 한번의 성공이나 실패가 주는 영향이 너무나 크기 때문입니다.

공부를 해야 정책의 방향이 보인다

대부분의 서민들은 정부의 정책에 관심도 없고, 그 정책을 이용할 생각을 하지 않습니다. 대다수의 국민은 권리 위에 잠자고 있습니다. 이유는 '귀차니즘'입니다. 몸을 움직이기 싫어하는 사람들은 돈을 벌기도 어렵습니다.

주식에서도 테마주라는 것이 있습니다. 테마주는 대선이 임박하면 누가 당선이 될 것인지에 따라서 관련 종목이 뜹니다. 또 정책에 따라서 박근혜 정부 시절에는 바이오시밀러와 헬스케어, 이명박 정부 시절에는 4대강 사업으로 건설주들이 재미를 봤습니다. 면세점 사업자 선정 발표시점에는 한화갤러리아 타임월드가 떠올랐습니다. 그 외에도 줄기세포주식 4차 산업주식 등등 그때그때 떠오르는 테마주가 오릅니다.

이런 사실로 보면 부동산도 마찬가지입니다. 이명박 대통령 시절에는 4대강 사업으로 수혜를 받은 땅값이 많이 올랐습니다. 노무현 정부 시절에는 세종시와 각 공사가 내려가는 지방들의 땅값이 많이 올랐습니다.

현재 문재인 정부는 땅과 관련된 개발정보는 특별히 보이지 않습니다. 과연 그곳이 어디일까요? 평창동계올림픽과 관련된 강원도의 땅들이 많이 올랐다고 합니다. 필자가 보기에는 일자리 창출을 국정의 중요한 과제로 삼은 이상, 산업단지 주변의 땅값이 오를 가능성이 크다고 봅니다. 좋은 방법이 있습니다. 책을 찾아서 관심을 갖고 꾸준히 읽다 보면 원하는 정보가 자석처럼 빨려 듭니다.

2014년 이후 현재는 주택시장은 대세 안정기에 접어들었습니다. 향후 시장은 또 과열기나 하락기로 접어들 겁니다. 이 시그널을 해석하면서 투자에 뛰어들어야 합니다. 부동산은 물가상승률 때문에 장시간 하락하기는 쉽지 않습니다. 계속해서 시간 대비 우상향으로 움직입니다. 시장을 이기려고 하지 말고 시장의 흐름에 순응하면서 대응해야 합니다.

정부의 정책에 상관없이 투자에서 승리하는 길은 '자신의 돈으로 투자하는 길'밖에 없습니다. 금융기관이 아무리 저금리로 돈을 빌려준다 하더라도 결국 그 돈은 갚아야 합니다. 어느 가계나 상관없이 생활비를 쓰면서 대출의 원리금을 상환해야 한다면 그 부담에서 자유로울 수 없습니다. 더불어 약간의 이자율만 올라가도 소득에 맞춰진 가계에는 상당한 부담으로 작용해서 견디기 어려워집니다.

지금까지 모든 정부는 서민들의 편이라고 하지만 표를 얻기 위해서 포장된 멘트일 뿐입니다. 열심히 일해서 금융기관 좋은 일만 시키길 원하는가요? 그들은 두 얼굴을 가진 지킬과 하이드입니다. 빌려줄 때는 예쁜 얼굴의 천사들이지만, 돈을 갚지 못하면 악마들로 돌변합니다. 그 악마들의 얼굴을 보고 싶지 않으면 투자에 실패하지 않아야 합니다. 레버리지라는 달콤함에 취해서 영혼을 팔아버리는 어리석은 행동을 하지 말아야 합니다.

노무현 정부는 수도권의 과밀화를 방지하고 지방도시의 활성화를 위해서 공공기관과 정부부처를 지방으로 이전을 했습니다. 그 결과 지방의 공공기관이 이전하는 땅 주위에 가격이 급등했습니다. 바야흐로 전국이 땅 투자의 열기에 휩싸이게 됩니다.

정부의 입장에서는 거래가 활발함에 따라 취득세의 세수 수입이 늘어나고 공시지가의 상승으로 보유세 증가로 정부에 세수가 늘어나서 좋기는 하겠지만, 결국은 국민과 기업인의 부담으로 작용하게 됩니다.

지자체장들이 더 많은 표를 얻기 위해 건설한 지방 곳곳의 농공단지와 산업단지에는 기업을 유치하지 못해서 텅 빈 공동화 현상을 겪고 있습니다. 개발도 어느 정도 타당성이 있고 근로자들을 구하기 쉬운 곳에 있어야 효과를 낼 수 있습니다. 논이나 밭에 덩그러니 건설된 산업단지들은 근로자들이 유입되지 않아서 공장 부지를 확보하고서도 공장을 건축할 수 없는 상태입니다.

정책을 더 세분화해서 투자의 방향을 읽어보자

이제는 정부나 지자체의 산업단지 유치 한두 개를 보고 투자하는 시대는 아닙니다. 도로 여건, 물류 여건, 인구유입 가능성, 교육 여건 등을 확인하면서 인내를 가지고 투자 환경을 점검해 보아야 합니다.

뉴스나 신문에서 나오는 개발계획과 정책을 보고서 투자를 하지 않았으면 합니다. 저는 과거 안산시 선부동 저층 아파트에 투자하였습니다. 국회의원에게 직접 들었다며, 지하철 환승역이 생긴다는 지인의 이야기만 듣고 투자를 했습니다. 그 결과 완전히 실패했습니다. 정부의 정책만을 믿고 투자한 무모한 행동이 낳은 결과였습니다.

같은 정부의 정책이라 하더라도 '정보 수집-정보 확인-확신'으로 나누어서 한다면 좀 더 정확하게 투자를 할 수 있게 됩니다. 정부의 정책은 확신을 가지기보다는 '계획 단계-보상 단계-첫 삽을 뜨는 단계-중간 건설단계-마무리 단계'로 나누어서 자신만의 기준을 가지고 볼 줄 아는 눈을 가져야 합니다. 물론 아무런 계획도 없을 때 가능성만 믿고 투자하는 단계가 가장 많은 수익을 내지만, 그만큼 위험성도 큽니다.

누구나 전문가가 아니라 할지라도 관심을 가지고 정보를 수집하다 보면 다른 사람들이 접근하기 어려운 고급정보를 손에 넣게 됩니다. 이런 내공을 가진 고수가 되려면 끊임없이 의문을 가지고 공부해야 합니다.

수도권 제2외곽선 주변과 서울-세종 간 고속도로 주변의 땅들을 계속해서 관찰해보세요. 이 중에서 IC가 만들어 지고 도로와 도로가 만나는 주변을 눈여겨보세요. 교통의 접근이 좋은 곳은 창고나 공장 등 수도권에서 멀더라도 인터넷으로 사업을 하는 업체들이 선호하는 곳입니다. 이천시 마장면 일대나 호법면, 용인시 양지면 백암면 일대는 이런 창고들이 많이 들어와 있습니다. 저렴한 땅들을 매입해서 창고로 임대를 주어도 어느 정도의 임대료는 받을 수 있습니다. 임대료를 받다가 소규모 창고들은 그 주변이 개발되면 보상을 받거나 환지방식으로 더 좋은 용도로 땅을 받습니다. 이런 투자도 노려볼 만합니다.

경제를 이해해야
투자의 지도가 그려진다

금리와 투자와의 관계로 본 부동산투자

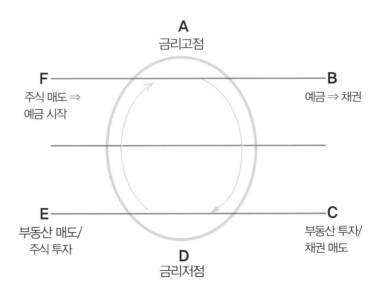

코스툴라니의 달걀모델

IMF 시절 은행이자는 20%대를 넘는 고금리였습니다. 이 시기는 현금을 가지고 은행에 두어도 투자자로서 충분한 수익을 올릴 수 있었습니다. 회사는 부도가 나고 자금사정으로 고금리라도 빌리려고 혈안이 되어 있었습니다. 이때는 현금을 가지고 있는 사람이 '갑'이던 시절입니다.

삼성전자의 주가도 3만원 정도였습니다. 그때 결혼자금 4000만원으로 삼성전자 주식을 사서 지금까지 보유하고 있었더라면 80배 정도 올랐으니 지금 32억이 되었을 겁니다. 저는 당시 퇴직연금을 개발하고 있었는데, 아래층 대신증권 객장에 가 보면 투자자가 없어 썰렁했고 기업들은 살생부에 언제 짤릴지 몰라 숨을 죽이고 있었습니다.

20년의 시간이 자산의 가치를 이렇게 바꿔놓을 수 있었습니다. 모든 건 선택의 문제입니다. 무엇을 선택하느냐 자신의 판단 결과입니다. 당시 과감하지 못했고 인내도 없었습니다. 많은 투자자들은 인내심이 없습니다. 돈이 없어 투자를 못한다고 하지만 대부분은 돈보다는 결단과 확신이 없습니다. 1997년 IMF 당시로 돌아 간다면 다시 투자할 수 있을까요? 여전히 의문으로 남습니다.

그림에서 금리 고점에서 금리가 하락하면 예금을 깨고 채권에 투자합니다. 그러다가 금리가 계속 하락하기 시작하면 채권을 팔고 부동산에 투자를 합니다. 과거를 돌아보면 부동산이 활황이 된 이유가 있습니다. 저금리에 예금자는 적금을 깨서 더 높은 수익이 나는 부동산을 샀고, 마냥 오르는 집값에 두려운 서민들은 빚을 내서 또 집을 샀습니다.

결국 돈이 있든 없든 돈은 부동산에 흘러들었습니다. 이런 과정 속에서 많은 부채를 가진 대출자 때문에 금리도 마음대로 올리지 못하는 저금리 정책은 계속 유지됩니다. 이런 저금리의 분위기라면 아직은 E지점처럼 부동산을 매도하고 주식투자를 하지 않습니다. 지금 주식이 상승하는 이유는 그동안 탄핵 정국 속에 방향을 못 잡은 투자자들의 돈이 새로운 정부가 탄생하면서 정책이 안정되어 투자의 방향성을 따라 주식에 투자하기 때문입니다.

주식 채권과 부동산 투자의 관계

주가지수와 환율, 금리, 유가 등을 보면서 자신만의 투자 테크닉을 만들어야 합니다. 장기적인 투자는 방향성입니다. 그 방향성을 읽고 거시 경제의 그림이 그려져야 합니다. 안목이 높아지고 실패의 가능성도 줄어듭니다.

투자는 성격이 다 다릅니다. 주식투자는 기간이 짧고 빠른 판단과 심리가 좌우합니다. 물론 기업의 내재가치를 분석해서 장기투자를 하기도 합니다. 주식은 오르면 오르는 대로 개인투자자들은 버티지 못해서 돈을 벌지 못합니다.

주식은 실시간으로 오르내리기 때문에 그걸 보고 있는 사람의 심리는 늘 불안하고 초조합니다. 그 불안한 심리를 견디고 이길 사람은 없습니다. 주식에서 수익을 내더라도 원금을 빼지 않는 이상 결국은 한번만 실수를 해도 그동안 수익과 원금까지 까먹을 수 있는 구조입니다. 사람은 누구나 한 번은 실수를 합니다. 주식의 위험성은 항상 실시간으로 존재합니다.

부동산에는 실시간 위험은 존재하지 않습니다. 사는 순간부터 빠질 일도 별로 없습니다. 단기 매매도 가능하지 않고, 팔려고 내놓아도 팔리지도 않습니다. 결국 장기투자로 갈 수밖에 없습니다. 또한 부동산은 대부분 이용이 가능합니다. 중간에 잘 활용하면 수익을 얻을 수 있습니다. 또한 이용의 가치를 따져보면 여러 가지 아이디어가 나옵니다. 건물을 지으면 임대료를 받을 수 있고, 자신이 거주할 주택을 짓기도 합니다. 아니면 다른 사람에게 임대를 주어서 활용가치를 높일 수 있습니다.

채권은 기업이 부도날 위험성이 있으므로 은행의 이자보다는 수익이 좀 더 높습니다. 채권은 금리가 낮아지면 유리하지만, 금리가 높아지면 누군가가 투자를 하지 않기 때문에 액면가를 할인해서 팝니다. 안정성 측면에서는 '예금〉채권〉주식'이라고 할 수 있고 수익은 상황에 따라 순서가 바뀌기도 합니다. 부동산의 안정성과 수익률은 정확히 판단하기는 어렵습니다. 부동산은 어디를 사느냐에 따라서 천차만별입니다. 주식보다는 안전하지만 다른 투자 대상보다는 불안전합니다.

여기서 투자자들은 경제 상황을 보고 판단하는 안목을 길러야 합니다. 어떤 사건이나 사실이 있을 때 부동산과 연관시켜 생각해 보아야 합니다. 금리가 부동산에 미치는 영향은 누구나 압니다. 미국의 미연방 기준금리 인상이 우리나라 부동산에 미치는 영향은 어떤지 말입니다. 미연방 기준금리를 올리면 금리가 높고 안전한 미국으로 자금이 빠져나가면 달러 가치는 올라갑니다. 달러가 급격하게 빠져나가지 않기 위해서 우리나라 기준 금리도 올리게 됩니다. 따라서 CD금리, COFIX 등 대출금리도 오릅니다. 대출금리가 오르면 부동산 투자를 꺼리게 됩니다. 따라서 부동산 가격이 하락합니다. 물론 이론적으로 그렇지만 수출이 잘되어 더 많은 달러가 유입되면 우리나라 금리는 올리지 않아도 됩니다. 이런 일련의 상황들을 이해하고 투자를 판단해야 합니다.

경기가 좋고 경제 성장률이 높고 실업자수가 감소하면 대부분의 직장인들의 소득도 늘어납니다. 이렇게 되면 소비심리도 되살아나고 주식이나 채권, 부동산에 더 많은 돈이 몰립니다. 동반해서 인플레 우려도 있기 때문에 인플레 헤지 효과가 있는 부동산을 매수할 가능성이 높아집니다. 이때는 특정 지역보다는 전국적인 부동산 가격이 상승하게 됩니다.

대중과 반대로 가야 투자에 성공한다

다시 IMF 같은 시기가 오면 주식을 사겠다. vs 안 사겠다.
다시 금융위기가 오면 부동산을 사겠다. vs 안 사겠다.

여러분이 부자가 되기 위해서는 대중과 반대의 편에 서면 됩니다. 외롭지만 자신의 소신을 지키고 두려울 때 투자를 하려는 사람이 부자가 됩니다. 많은 사람들이 안 된다고 거부를 한다면 그때 외롭게 혼자서 판단해야 합니다. 주변에 투자의 실패자가 산을 이룰 때 외로운 길을 가야 합니다. 8년을 공부하고 2년 만에 평생 만져보지 못할 수익을 올리기 위해서는 통찰이 있어야 합니다. 신문을 보되 자신만의 관점에서 해석할 줄 알아야 하며 책을 읽더라도 저자의 생각을 뛰어넘어 저 너머 세계를 봐야 합니다. 지금까지 성공하지 못했던 이유는 지식만 있었지 해석해서 나만의 통찰로 녹여낼 줄 몰랐기 때문입니다.

누구나 알려고만 하면 얼마든지 알 수 있습니다. 10년을 경제 지식과 정보를 읽고 해석해 왔다면 이미 그 사람은 부자입니다. 자신의 손에 핵무기를 가지고 있는데 전쟁에서 패할 수는 없습니다. 워렌 버핏, 빌 게이츠가 지독한 독서광이란 사실은 대부분은 다 압니다. 그들은 도서관 전체를 거의 읽었던 맹렬한 독서가였습니다. 그들을 벤치마킹해 보세요. 세상을 자신의 관점에서 해석하는 능력이 있다면 그 또한 부자입니다. 이미 투자의 세계에서는 승리자입니다. 이런 이유로 워렌 버핏과의 점심식사에 30~40억을 씁니다.

우리는 비록 이렇게까지는 하지 않더라도 좀 더 디테일하게 해석 능력을 키워야 합니다. 예를 들어 4대강 사업을 한다고 그 주변에 땅을 사거나. 평창동계올림픽을 한다고 평창에 땅을 사는 행위는 근시안적인 행동입니다. 이는 일회성일 뿐입니다. 장기적으로 어떻게 바뀔지 계속 파악해야 합니다.

얼마든지 조작이 가능한
'벌었다더라'의 진실

오피스텔과 땅 투자의 분석

서울 어느 지역 오피스텔 예상 임대가				
평형	8.99평(안목 4.83평+서비스 = 7.84평)			
전용률	안목 전용률 53.7%(실사용 전용률 87%)			
분양가	174,990,000원			
부가세	9,010,000원			
VAT 포함	184,000,000원			
임대가	1000만원/75만원		3000만원/60만원	
대출(60%)	110,400,000원			
변동금리 3.5%	322,000원			
연순수익	5,136,000원		3,336,000원	
사업자	일반	주택	일반	주택
실투자금	5459만원	6360만원	3459만원	4360만원
수익률	9.40%	8.10%	9.60%	7.60%
* 일반 임대사업자 시 취득세 4.6% , 부가세 환급				
* 주택임대사업자 취득 시 85% 감면(현 2018년 12월 31일까지)				

서울 어느 지역의 오피스텔 예상 임대가

대부분의 투자자들은 현장에서 투자 권유를 많이 받습니다. 얼마 전에 저를 찾아온 고객도 신당동에 오피스텔을 샀다고 합니다. 임차인은 승계해서 초기 투자금은 얼마 들지 않았다고 합니다. 투자자 분들의 판단을 위해서 오피스텔의 수익률을 표로 만들어보았습니다. 수익률은 7.60%~9.60%로 계산됩니다. 물론 취득세를 감안하지 않은 계산입니다. 또한 자신의 현금으로 수익률을 계산한다면 4.67%~5.14% 정도입니다. 이 오피스텔의 평당 가격은 7.84평으로 계산할 때 2346만원입니다. 아파트에 비해서도 상당히 가격이 높습니다. 과연 수익률이 높다고 할 수 있을까요? 여기서 오피스텔 채당 원가는 얼마나 될까요? 스스로 계산해 본다면 비싼지 싼지를 구별할 수 있습니다.

또한 위험요소를 고려해야 합니다. 주변에 계속해서 오피스텔이 들어온다면 경쟁력이 떨어집니다. 시간이 지나면 오래된 오피스텔은 노후화와 유행에 뒤떨어져 공실이 생기든지 임대료가 낮아지게 됩니다. 이 때문에 매매가격도 떨어지게 되는 위험이 있습니다.

토지는 정해진 수익률이 없습니다. 개발지는 재료에 따라서 500~600%의 수익률도 있을 수 있고, 마이너스 수익률도 생깁니다. 오피스텔, 상가 건물도 물론 좋은 투자입니다. 안정성이 뛰어나고 초보자도 쉽게 접근 가능한 투자처입니다. 오피스텔이 채권 투자와 비슷하다면 토지는 주식과 비슷하다고 봅니다. 이런 점을 알고 투자를 한다면 분명 토지 투자에 성공할 수 있습니다.

자신만의 투자방법을 만들자

많이 팔린 책들의 저자들을 직간접적으로 많이 알고 있습니다. 그들은 과연 부자일까? 그들이 부자라면 책을 쓰고 비결을 누설할 필요가 없습니다. 필자 역시 부자도 아니고 그렇게 되기 쉽지 않다는 걸 잘 압니다.

많은 저자들에게 '많이 벌었냐'고 질문했습니다. 대답하기 곤란한 질문입니다. 그럼 책을 읽어서 답이 없는 걸까? 아닙니다. 그럴수록 책을 더 많이 깊이 읽어서 소화해 보라고 말하고 싶습니다. 책에 투자하는 게 수익률이 가장 높고 확실한 투자 방법입니다.

돈을 가지고 투자를 하든 나만의 컨텐츠를 만들어 내든, 책을 읽는 사람은 그만한 가치를 합니다. 주변에 책을 만 권 이상 읽었는데 아무 일이 일어나지 않는 사람이 있다면, 어떤 이유 때문인지 알고 싶습니다. 제가 아는 대부분의 사람들은 뭔가 창의적인 일을 하고 돈을 법니다.

필자가 부탁하고 싶은 일은 따로 있습니다. 책을 그대로 따라 하지 않길 바랍니다. 책대로 되지 않습니다. 단 하나의 공식이 있다면 많은 책을 읽고 끊임없이 자신만의 방식을 만들어야 성공합니다. 부동산이든 성공학이든 다른 사람의 뒤를 쫓아서는 길이 없습니다.

이세돌은 이세돌의 방식, 필자는 필자만의 방식이 있어야 합니다. 저는 이 사실 하나를 깨닫는데 20년이 넘는 시간이 걸렸고, 수없이 많은 수업료를 지불했으며 많은 책을 읽고 불면의 밤을 하얗게 고민하면서 보냈습니다.

일은 내 뜻대로 되지 않고 늘 예상은 빗나갑니다. 내가 투자하면 꼭 지요, 내가 팔면 오르기 시작합니다. 늘 그 심리를 극복하지 못했습니다. 두근거리는 마음에 남의 집 초인종도 누르지 못하고 입찰을 해도 2등은 커녕 순위에도 들지 못했습니다. 우리의 삶은 실패로 엮인 그물과 같아서 빠져나갈 수도 없었습니다.

얼마나 안 풀리는지 아내는 몰래 용하다는 점쟁이를 찾아가서 왜 그런지 이유라도 알고자 했습니다. 점쟁이 왈 "책을 쓰고 강의하고 컨설팅하고 투자 소개를 하면 성공하겠다고 했답니다." 억울합니다. 하지만 돌아보니 그 말이 맞을지도 모른다는 생각을 했습니다.

아, 답이 없구나! 손발이 묶였습니다. 이 운명에서 벗어나는 길은 없다는 건지. 그런데 사실 참으로 공평하게도 글 쓰는 재주를 주셨습니다. 비록 손발은 묶였지만, 글로 입으로 벌어 먹고 살면 됩니다. 이런 생각이 드니 내 인생이 괜찮아 보이기 시작했습니다.

저는 타이밍이 올 때까지 기다리겠습니다. 고독한 맹수처럼 기다리다 기회가 오면 먹이를 낚아채겠습니다. 가장 승률이 높은 게임입니다. 이제 원인과 결과가 보이기 시작합니다. 다른 사람을 추종해서는 안 될 이유가 여기에 있습니다. 그 책의 저자만큼 쏟아붓지 않고 섣부르게 판단하고 결과만 노렸기 때문에 받은 벌입니다.

투자철학이 이렇게 어렵습니다. 깊이도 없고 넓이도 없습니다. 막연하고 뜬구름 잡는 이야기입니다. 자, 필자만의 해법은 제시해 보려고 합니다. 책을 많이 읽기를 권합니다. 부동산이면 부동산에 관한 이야기 50권, 100권을 읽어보면 더 나아가 그 책의 핵심을 요약해보세요. 자주 반복되는 이야기입니다. 나아가 능력이 된다면 이론을 정리해서 다른 분들을 코칭하면 됩니다.

이 단순한 행위가 정말 효과가 좋습니다. 그렇게 하다 보면

1. 한 차원 높은 또 다른 투자의 길이 보입니다.

다른 사람들의 이야기는 거의 다 이해할 수준을 넘어갑니다. 뉴스에서 소개하는 정보의 해석과 더불어 자신만의 핵심을 만들어 냅니다.

2. 원인과 결과를 알아냅니다.

되는 이유와 안 되는 이유를 정확하게 집어냅니다. 자신의 이야기를 전파하고 다닙니다. 무궁무진한 아이디어가 쏟아져 나옵니다.

3. 자신만의 책을 쓰게 됩니다.

현장을 자주 다녀보세요. 분명 점점 명확하게 보입니다. 이 단계에서

땅에 투자하면 분명 성공합니다.

앞에서 이야기한 '자신만의 이야기를 찾아라'와 맥이 상통합니다. 자! 그래서 저자는 되고 추종자는 어렵습니다. 저자들은 이미 어떤 경지에 이르렀습니다. 이 타이밍에서 투자를 했기 때문입니다.

대부분의 투자자들은 어설프게 알고 덤비다가는 악 소리도 못하고 깨집니다. 이들은 정글 속 맹수들의 먹잇감이 될 뿐입니다. 소중한 돈 피 같은 돈을 꼭꼭 숨겨두고 날카로운 발톱이 생기기 전까지는 함부로 전투에 나서지 않기를 바랍니다. 때가 되면 용맹한 전사로 키워집니다. 의심하지 말고 그 길을 가길 부탁드립니다. 책에 정답은 없지만 책을 많이 읽으면 길을 알게 됩니다. 그대로 되지는 않지만 분명 스스로 어떤 길을 찾아내게 되기 때문입니다. 건투를 빕니다.

땅을 사기 전에
알았더라면 좋았을 것들

초판 1쇄 | 2017년 10월 27일

지은이 | 이일구
펴낸이 | 이금석
기획·편집 | 박수진
디자인 | 김국회
마케팅 | 곽순식
물류지원 | 현란
펴낸곳 | 도서출판 무한
등록일 | 1993년 4월 2일
등록번호 | 제3-468호
주소 | 서울 마포구 서교동 469-19
전화 | 02)322-6144
팩스 | 02)325-6143
홈페이지 | www.muhan-book.co.kr
e-mail | muhanbook7@naver.com

가격 16,000원
ISBN 978-89-5601-360-2 (03320)